生活智慧語錄

〔明〕陸紹珩 編著；蔡登山 點校

《醉古堂劍掃》：一部生活智慧的寶典

蔡登山

《醉古堂劍掃》是明朝作家陸紹珩的作品，成書於明熹宗天啟四年（一六二四年）。現臺北故宮博物院及國家圖書館善本書室就藏有明天啟四年甲子（一六二四）松陵陸氏原刊朱墨套印本《醉古堂劍掃》十二卷。但由於歷逢朝代更替，加之清朝打壓此類小品著作，此書自出版後，除了少數藏書家收錄外，在中國沒有廣泛流傳過。經兩百餘年後，日本嘉永六年（一八五三年），同時出現了兩種刻本，一為常足齋藏板，其末有「邨嘉平刻」四字，知為日本名工木村嘉平所刻，共五冊；另一則為星文堂、文泉堂、文榮堂梓行者，為兩冊。其〈序〉、〈跋〉、〈劍掃凡例〉、〈採用書目〉、〈參閱姓氏〉等，與天啟四年的初刻本比勘完全相同。當時在日本此書廣為人知，之後一直到日本大正年間（一九一二至一九二六年），都十分盛行。

而中國直至民國二十四年，書商「襟霞閣主人」（平襟亞）以「雲間陳繼儒眉公手錄」《小窗幽記》重刊出版，之後大為流行。有學者已經考定，《小窗幽記》是一本假託陳繼儒之名而廣泛流傳的偽書，其作偽者是乾隆三十五年本的作序者陳本敬和刊刻者崔維東。入清以後，由於陸紹

3

《醉古堂劍掃》：一部生活智慧的寶典

珩名聲有限，此書已流傳不廣，於是二人將其參閱者——晚明頭號暢銷書作家兼策劃家陳繼儒抬了出來，並參照《小窗四紀》、《岩棲幽事》而為之命名《小窗幽記》。其原作者和書名反而無人知曉了。學者陳萬益認為是：「書商換下藉藉無名的作者，掛上名家招牌，用以促銷牟利的伎倆而已！」因此應當恢復其本名《醉古堂劍掃》。

陸紹珩字湘客，松陵（蘇州吳江）人，號稱唐代隱逸詩人陸龜蒙（號天隨子）之後。自序言：「每遇嘉言格論，麗詞醒語，不問古今，隨手輒記。卷從部分，趣緣旨合，用澆胸中塊壘，一掃世態俗情，致取自娛，積而成帙」。生平不詳，只知是約一六二四年前後在世，明天啟年間曾流寓北京，編撰《醉古堂劍掃》。

《醉古堂劍掃》分為：醒、情、峭、靈、素、景、韻、奇、綺、豪、法、倩十二卷，每卷既獨立成篇，有各自的主題，但又相互關聯。計一千五百餘條。內容涵蓋了立德、修身、處世、讀書、建業、家國、情愛等內容，並輯錄晚明文人山林遊賞、庭園雅趣、飲食品味、藝文賞鑑、參禪論道、陶情養性等生活品味。該書筆法清淡，善於剖析事理。與明朝洪應明的《菜根譚》、清朝王永彬的《圍爐夜話》並稱「處世三大奇書」。

《醉古堂劍掃》博採群書，薈粹群言，自先秦至明末，所涵蓋的內容，包括中國傳統文化中儒、釋、道三教和諸子百家的著作，從文體說凡楚之辭、漢之賦、六朝之駢文、唐之詩、宋之詞、元之曲、明人之小說及

4

各種雜著中的警語名言應有盡有，而取明人之作居多。編者在前言說：

「人間小不平，可以酒消之；人間大不幸，非劍不足以消之。然乃殺人犯法事，故只好以筆代劍，此所以名為『劍掃』」。

編者飽讀詩書，從小在儒家文化的薰陶中成長，但道家的淡泊與佛家的超脫也深深的影響他。因此全書以「醒」字為首，是有其深意存焉的。他說：「今之昏昏逐逐，無一日不醉，無一人不醉：趨名者醉於朝，趨利者醉於野，豪者醉於聲色車馬，而天下竟為昏迷不醒之天下矣。安得一服清涼散，人人解醒。」紅塵滾滾，猶如長江中的船來船往，綜觀千帆，其實只有兩船，一曰名，一曰利。人亦難擺脫名利的枷鎖，古往今來皆如是。

因此他明白心為形役，塵世馬牛：身被名韁，樊籠雞鶩。他主張物我兩忘，知曉「譚山林之樂者，未必真得山林之趣；厭名利之譚者，未必盡忘名利之情。」他追求恬淡自然，力求打通生死，參透浮華，「齊生死」並不厭棄人世。「貧賤之人，一無所有，及臨命終時，脫一厭字；富貴之人，無所不有，及臨命終時，帶一戀字。脫一厭字，如釋重負；帶一戀字，如擔枷鎖。」

「安詳是處世第一法，謙退是保身第一法，涵容是處人第一法，灑脫是養心第一法。」唯有遵循此四法，法法觀照，方能達到圓融互射的真境界。「斑竹半帘，惟我道心清似水；黃粱一夢，任他世事冷如冰。欲住世

出世，須知機息機。」這是繁華落盡後俱現的真諦，比真的玄學和道境及莊語都來得透徹、真切。

《醉古堂劍掃》採儒、釋、道之精神，作人生修養之格言。字字珠璣，句句美玉。在此奔競爭逐的混濁人世間，讓你尋回真的自我，指明一條寧靜、祥和之路，堪稱生活智慧之一大寶典。

6

自敘

昔人云：一敢識盡人間好人，二敢讀盡世間好書。三敢看盡世間好山水。或曰：靜則安能，但身到處，莫放過耳。旨哉言乎。余性懶，逢世一切炎熱爭逐之場，了不關情。惟是高山流水，任意所如，迂翠叢紫莽，竹林芳徑，偕二三知己，抱膝長嘯，恣然忘歸，加以名姝凝盼，素月入懷，輕謳緩板，遠韻孤簫，青山送黛，小鳥興歌，儕侶忘機，茗酒隨設，余心最歡樂不可極。若乃閉關卻掃，圖史雜陳，古人相對，百城往列，几楊之餘，絕不聞戶外事，則又如桃源人，尚不識漢世，又安論魏晉哉？此其樂，更未易一二為俗人言也。第才非夢鳥，學慚半豹，而以往神來，興會勃不能已，遂如司馬公案頭常置數簿，每遇嘉言格論，麗詞醒語，不問古今，隨口輒記。卷從部分，趣緣旨合。用澆胞中塊壘，一掃世態俗情。致取自娛，積而成帙。今秋，落魄京邸，睹此寂寂，使鄧禹笑人，未免有情，亦復誰能遣此？因共友人問雨花之址，尋采石之巖，江山歷落，使我懷古之情更深，洒出所手錄，快讀一過，恍覺百年幻泡，世事棋枰，向來塊壘，一時俱化。雖斷蛟剚劓筆之利，亦不過是。友人鼓掌叫絕曰：此真熱鬧場，一劑清涼散矣。夫鏌邪鈍兮鉛刀割，君有筆兮殺無血，可題《劍

掃》，付之剞劂。予曰，一編自手，率甫問世，得無為腹笥武庫者嗤乎？予笥不能盡書，余目不能盡笥，余乎不能盡目。安用此戔戔者？友曰：不然，青史澆腸，筏言洗胃。片語隻字，皆可會心。但莫放過，何以多為？余唯唯。擬管書之，以識予逢世之拙。聊以斯篇寄趣云。

時甲子重陽
陸紹珩題

目次

9

生活智慧語錄——醉古堂劍掃

卷一 醒

食中山之酒，一醉千日。今之昏昏逐逐，無一日不醉，無一人不醉：趨名者醉於朝，趨利者醉於野，豪者醉於聲色車馬，而天下竟為昏迷不醒之天下矣。安得一服清涼散，人人解醒，集醒第一。

倚才高而玩世，背後須防射影之蟲；飾厚貌以欺人，面前恐有照膽之鏡。

怪小人之顛倒豪傑，不知慣顛倒方為小人；惜吾輩之受世折磨，不知惟折磨乃見吾輩。

花繁柳密處撥得開，才是手段；風狂雨急時立得定，方見腳根。

澹泊之守，須從穠豔場中試來；鎮定之操，還向紛紜境上勘過。

市恩不如報德之為厚，要譽不如逃名之為適，矯情不如直節之為真。

使人有面前之譽，不若使人無背後之毀；使人有乍交之歡，不若使人無久處之厭。

攻人之惡毋太嚴，要思其堪受；教人以善毋過高，當原其可從。

不近人情，舉世皆畏途；不察物情，一生俱夢境。

遇嘿嘿不語之士，切莫輸心；見悻悻自好之徒，應須防口。結纓整冠之態，勿以施之焦頭爛額之時；繩趨尺步之規，勿以用之救死扶傷之日。

議事者身在事外，宜悉利害之情；任事者身居事中，當忘利害之慮。

儉，美德也，過則為慳吝、為鄙嗇，反傷雅道；讓，懿行也，過則為足恭、為曲謙，多出機心。

藏巧於拙，用晦而明，寓清於濁，以屈為伸。

13

彼無望德，此無示恩，窮交所以能長；望不勝奢，欲不勝饜，利交所以必忤。

怨因德彰，故使人德我，不若德怨之兩忘；仇因恩立，故使人知恩，不若恩仇之俱泯。

天薄我福，吾厚吾德以迓之；天勞我形，吾逸吾心以補之；天阨我遇，吾亨吾道以通之。

澹泊之士，必為穠豔者所疑；檢飾之人，必為放肆者所忌。事窮勢蹙之人，當原其初心；功成行滿之士，要觀其末路。好醜心太明，則物不契；賢愚心太明，則人不親。須是內精明，而外渾厚，使好醜兩得其平，賢愚共受其益，才是生成的德量。

好辯以招尤，不若訒嘿以怡性；廣交以延譽，不若索居以自全；厚費以多營，不若省事以守儉；逞能以受妬，不若韜精以示拙。費千金而結

納賢豪，孰若傾半瓢之粟，以濟飢餓；構千楹而招徠賓客，孰若葺數椽之茅，以庇孤寒。

恩不論多寡，當厄的壺漿，得死力之酬；怨不在淺深，傷心的杯羹，召亡國之禍。

仕途雖赫奕，常思林下的風味，則權勢之念自輕；世途雖紛華，常思泉下的光景，則利慾之心自淡。

居盈滿者，如水之將溢未溢，切忌再加一滴；處危急者，如木之將折未折，切忌再加一搦。

了心自了事，猶根拔而草不生；逃世不逃名，似羶存而蚋還集。

情最難久，故多情人必至寡情；性自有常，故任性人終不失性。

才子安心草舍者，足登玉堂；佳人適意蓬門者，堪貯金屋。喜傳語者，不可與語。好議事者，不可圖事。

甘人之語，多不論其是非；激人之語，多不顧其利害。

真廉無廉名，立名者，所以為貪；大巧無巧術，用術者，所以為拙。

為惡而畏人知，惡中猶有善念；為善而急人知，善處即是惡根。

譚山林之樂者，未必真得山林之趣；厭名利之譚者，未必盡忘名利之情。

從冷視熱，然後知熱處之奔馳無益；從冗入閒，然後覺閒中之滋味最長。

貧士肯濟人，才是性天中惠澤；鬧場能篤學，方為心地上工夫。

伏久者，飛必高；開先者，謝獨早。

貪得者身富而心貧；知足者身貧而心富；居高者形逸而神勞；處下者形勞而神逸。

局量寬大，即住三家邨裏，光景不拘；智識卑微，縱居五都市中，神情亦促。

惜寸陰者，乃有凌鑠千古之志；憐微才者，迺有馳驅豪傑之心。

天欲禍人，必先以微福驕之，要看他會受；天欲福人，必先以微禍儆之，要看他會救。

書圖受俗子品題，三生浩劫；鼎彝與市人賞鑒，千古奇冤。脫穎之才，處囊而後見；絕塵之足，歷塊以方知。

結想奢華，則所見轉多冷淡；實心清素，則所涉都厭塵氛。多情者，不可與定妍媸；多誼者，不可與定取與。多氣者，不可與定雌雄；多興者，不可與定去住。

世人破綻處，多從周旋處見；指摘處，多從愛護處見；艱難處，多從貪戀處見。

凡情留不盡之意，則味深；凡興留不盡之意，則趣多。

待富貴人，不難有禮，而難有體；待貧賤人，不難有恩，而難有禮。

山棲是勝事，稍一縈戀，則亦市朝；書畫賞鑒是雅事，稍一貪癡，則亦商賈；詩酒是樂事，稍一徇人，則亦地獄；好客是豁達事，稍一為俗子所撓，則亦苦海。

多讀兩句書，少說一句話，讀得兩行書，說得幾句話。

看中人，在大處不走作，看豪傑，在小處不滲漏。

留七分正經，以度生；留三分癡呆，以防死。

輕財足以聚人，律己足以服人，量寬足以得人，身先足以率人。

從極迷處識迷，則到處醒；將難放懷一放，則萬境寬。

大事難事看擔當；逆境順境看襟度；臨喜臨怒看涵養，群行群止看識見。

養心第一法。

安詳是處事第一法，謙退是保身第一法，涵容是處人第一法，灑脫是養心第一法。

處事最當熟思緩處：熟思則得其情，緩處則得其當。

必能忍人不能忍之觸忤，斯能為人不能為之事功。

輕與必濫取，易信必易疑。

積丘山之善，尚未為君子；貪絲毫之利，便陷於小人。

20

智者不與命鬥，不與法鬥，不與理鬥，不與勢鬥。

良心在夜氣清明之候，真情在簞食豆羹之間。故以我索人，不如使人自反；以我攻人，不如使人自露。

俠之一字，昔以之加義氣，今以之加揮霍，只在氣魄氣骨之分。

不耕而食，不織而衣，搖唇鼓舌，妄生是非，故知無事之人好為生事。

才人經世，能人取世，曉人逢世，名人垂世，高人玩世，達人出世。

寧為隨世之庸愚，勿為欺世之豪傑。

沾泥帶水之累，病根在一戀字；隨方逐圓之妙，便宜在一耐字。

天下無不好諛之人，故諂之術不窮；世間盡是善毀之輩，故讒之路難塞。

進善言，受善言，如兩來船，則相接耳。

清福上帝所吝，而習忙可以銷福；清名上帝所忌，而得謗可以銷名。

造謗者甚忙，受謗者甚閒。

蒲柳之姿，望秋而零；松柏之質，經霜彌茂。

人之嗜名節，嗜文章，嗜遊俠，如好酒然。易動客氣，當以德消之。

好譚閨閫，及好譏諷者，必為鬼神所忌，非有奇禍，必有奇窮。

神人之言微，聖人之言簡，賢人之言明，眾人之言多，小人之言妄。

士君子不能陶鎔人，畢竟學問中工力未到。

有一言而傷天地之和，一事而折終身之福者，切須檢點。能受善言，如市人求利，寸積銖累，自成富翁。

金帛多，只是博得垂老時子孫眼淚多，不知其他，知有爭而已；金帛少，只是博得垂老時子孫眼淚少，亦不知其他，知有哀而已。

景不和，無以破昏蒙之氣；地不和，無以壯光華之色。

一念之善，吉神隨之；一念之惡，厲鬼隨之。知此可以役使鬼神。

出一箇喪元氣進士，不若出一個積陰德平民。

眉睫才交，夢裏便不能張主；眼光落地，泉下又安得分明。

佛只是箇了，仙也是箇了，聖人了了不知了。不知了了是了了，若知了了，便不了。

萬事不如杯在手，一年幾見月當頭。

憂疑杯底弓蛇，雙眉且展；得失夢中蕉鹿，兩腳空忙。

名茶美酒，自有真味。好事者，投香物佐之，反以為佳，此與高人韻士，誤墮塵網中何異。

花棚石磴，小坐微醺。歌欲獨，尤欲細；茗欲頻，尤欲苦。

善嘿即是能語，用晦即是處明，混俗即是藏身，安心即是適境。

雖無泉石膏肓，煙霞痼疾，要識山中宰相，天際真人。

氣收自覺怒平，神斂自覺言簡，容人自覺味和，守靜自覺天寧。

處事不可不斬截，存心不可不寬舒，待己不可不嚴明，與人不可不和氣。

居不必無惡隣，會不必無損友，惟在自持者兩得之。

要知自家是君子小人，只於五更頭檢點，思想的是甚麼便得。

以理聽言，則中有主；以道窒慾，則心自清。

先淡後濃，先疏後親，先遠後近，交友道也。

苦惱世上，意氣須溫；嗜欲場中，肝腸欲冷。

形骸非親，何況形骸外之長物；大地亦幻，何況大地內之微塵。

人當溷擾，則心中之境界何堪；人遇清寧，則眼前之氣象自別。

寂而常惺，寂寂之境不擾；惺而常寂，惺惺之念不馳。

26

童子智少，愈少而愈完；成人智多，愈多而愈散。

無事便思有閒雜念頭否，有事便思有麤浮意氣否，得意便思有驕矜辭色否，失意便思有怨望情懷否。時時檢點得到，從多入少，從有入無，才是學問的真消息。

筆之用以月計，墨之用以歲計，硯之用以世計。筆最銳，墨次之，硯鈍者也。豈非鈍者壽，而銳者夭耶？筆最動，墨次之，硯靜者也。豈非靜者壽而動者夭乎？於是得養生焉。以鈍為體，以靜為用，唯其然是以能永年。

貧賤之人，一無所有，及臨命終時，脫一厭字；富貴之人，無所不有，及臨命終時，帶一戀字。脫一厭字，如釋重負；帶一戀字，如擔枷鎖。

透得名利關，方是小休歇；透得生死關，方是大休歇。

27

人欲求道，須於功名上鬧一鬧方心死，此是真實語。

病至，然後知無病之快；事來，然後知無事之樂。故禦病不如卻病，完事不如省事。

諱貧者，死於貧，勝心使之也；諱病者，死於病，畏心蔽之也；諱愚者，死於愚，癡心覆之也。

古之人，如陳玉石於市肆，瑕瑜不掩；今之人，如貨古玩於時賈，真偽難知。

士大夫損德處，多由立名心太急。

多躁者，必無沉潛之識；多畏者，必無卓越之見；多欲者，必無慷慨

之節；多言者，必無篤實之心；多勇者，必無文學之雅。

剖去胸中荆棘，以便人我往來，是天下第一快活世界。

古來大聖大賢，寸鍼相對；世上閒言閒語，一筆勾銷。

揮灑以怡情，與其應酬，何如兀坐；書禮以達情，與其工巧，何若直陳；棋局以適情，與其競勝，何若促膝；笑譚以怡情，與其謔浪，何若狂歌。

拙之一字，免了無千罪過；閒之一字，討了無萬便宜。

斑竹半簾，惟我道心清似水；黃粱一夢，任他世事冷如冰。欲住世出世，須知機息機。

書畫為柔翰，故開卷張冊，貴於從容；文酒為歡場，故對酒論文，忌於寂寞。

榮利造化特以戲人，一毫着意便屬桎梏。

士人不當以世事分讀書，當以讀書通世事。

天下之事，利害常相半；有全利，而無小害者，惟書。

意在筆先，向庖羲細參易畫，慧生牙後，恍顏氏冷坐書齋。

明識紅樓為無塚之邱壠，迷來認作捨生巖；真知舞衣為暗動之兵戈，快去暫同試劍石。

調性之法，須當似養花天；居才之法，切莫如妒花雨。

事忌脫空，人怕落套。

煙雲堆裏，浪蕩子逐日稱仙；歌舞叢中，淫慾身幾時得度。

山窮鳥道，縱藏花谷少流鶯，路曲羊腸，雖覆柳陰難放馬。

能於熱地思冷，則一世不受淒涼；能於淡處求濃，則終身不落枯槁。

會心之語，當以不解解之；無稽之言，是在不聽聽耳。

佳思忽來，書能下酒；俠情一往，雲可贈人。

藹然可親，乃自溢之沖和，粧不出溫柔軟款；翹然難下，乃生成之倨

傲，假不得遜順從容。

風流得意，則才鬼獨勝頑仙；孽債為煩，則芳魂毒於虐祟。

極難處是書生落魄，最可憐是浪子白頭。

世路如冥，青天障蚩尤之霧；人情如夢，白日蔽巫女之雲。

密交，定有夙緣，非以雞犬盟也；中斷，知其緣盡，寧關葽菲間之。

堤防不築，尚難支移壑之虞；操存不嚴，豈能塞橫流之性。

發端無緒，歸結還自支離；入門一差，進步終成恍惚。

打渾隨時之妙法，休嫌終日昏昏；精明當事之禍機，卻恨一生了了。

藏不得是拙，露不得是醜。

形同雋石，致勝冷雲，決非凡士；語學嬌鶯，態摹媚柳，定是弄臣。

開口輒生雌黃且之言，吾恐微言將絕，捉筆便驚。

風波肆險，以虛舟震撼，浪靜風恬；矛盾相殘，以柔指解分，兵銷戈倒。

豪傑向簡淡中求，神仙從忠孝上起。

人不得道，生死老病四字關，誰能透過；獨美人名將，老病之狀，尤為可憐。

日月如驚丸，可謂浮生矣，惟靜臥是小延年；人事如飛塵，可謂勞攘矣，惟靜坐是小自在。

平生不作皺眉事，天下應無切齒人。

闇室之一燈，苦海之三老；截疑網之寶劍，抉盲眼之金針。

攻取之情化，魚鳥亦來相親；悖戾之氣銷，世途不見可畏。

吉人安祥，即夢寐神魂，無非和氣；兇人狠戾，即聲音笑語，渾是殺機。

天下無難處之事，只要兩箇如之何；天下無難處之人，只要三個必自反。

能脫俗便是奇，不合污便是清。

處巧若拙，處明若晦，處動若靜。

參玄藉以見性，談道藉以修真。

世人皆醒時作濁事，安得睡時有清身；若欲睡時得清身，須於醒時有清意。

好讀書非求身後之名，但異見異聞，心之所願。是以孜孜搜討，欲罷不能，豈為聲名勞七尺也。

一間屋，六尺地，雖沒莊嚴，卻也精緻；蒲作團，衣作被，日裏可坐，夜間可睡；燈一盞，香一炷，石磬數聲，木魚幾擊；龕常關，門常閉，

35

好人放來，惡人迴避；葷不忌，道人心腸，儒者服製；不貪名，不圖利，了清靜緣，作解脫計；無掛礙，無拘繫，閒便入來，忙便出去；省閒非，省閒氣，也不遊方，也不避世；在家出家，在世出世，佛何人，佛何處？此即上乘，此即三昧。日復日，歲復歲，畢我這生，任他後裔。

道人之魔障。

草色花香，遊人賞其真趣；桃開梅謝，達士悟其無常。

招客留賓，為歡可喜，未斷塵世之扳援；澆花種樹，嗜好雖清，亦是

人常想病時，則塵心便減；人常想死時，則道念自生。

入道場而隨喜，則修行之念勃興；登邱墓而徘徊，則名利之心頓盡。

鑠金玷玉，從來不乏乎讒人；洗垢索瘢，尤好求多於佳士。止作秋風

過耳，何妨尺霧障天。

真放肆不在飲酒高歌，假矜持偏於大庭賣弄；看明世事透，自然不重功名；認得當下真，是以常尋樂地。

富貴功名、榮枯得喪，人間驚見白頭；風花雪月、詩酒琴書，世外喜逢青眼。

慾不除，似蛾撲燈，焚身乃止；貪無了，如猩嗜酒，鞭血方休

涉江湖者，然後知波濤之洶湧；登山嶽者，然後知蹊徑之崎嶇。

人主待足，何時足；未老得閒，始是閒。

談空反被空迷，衹靜多為靜縛。

37

舊無陶令酒巾，新撇張顛書草；何妨與世昏昏，只問君心了了。

以書史為園林，以歌詠為鼓吹，以理義為膏粱，以著述為文繡，以誦讀為菑畬，以記問為居積，以前言往行為師友，以忠信篤敬為修持，以作善降祥為因果，以樂天知命為西方。

雲煙影裏見真身，始悟形骸為桎梏；禽鳥聲中聞自性，方知情識是戈矛。

事理因人言而悟者，有悟還有迷，總不如自悟之了了；意興從外境而得者，有得還有失，總不如自得之休休。

白日欺人，難逃清夜之愧赧；紅顏失志，空遺皓首之悲傷。

定雲止水中，有鳶飛魚躍的景象；風狂雨驟處，有波恬浪靜的風光。

平地坦途，車豈無蹶；巨浪洪濤，舟亦可渡；料無事必有事，恐有事必無事。

富貴之家，常有窮親戚來往，便是忠厚。

朝市山林俱有事，今人忙處古人閒。

人生有書可讀，有暇得讀，有資能讀，又涵養之如不識字人，是謂善讀書者。享世間清福，未有過於此也。

世上人事無窮，越幹越做不了，我輩光陰有限，越閒越見清高。

39

兩刃相迎俱傷，兩強相敵俱敗。

我不害人，人不害我；人之害我，由我害人。

商賈不可與言義，彼溺於利；農工不可與言學，彼偏於業；俗儒不可與言道，彼謬於詞。

博覽廣識見，寡交少是非。

明霞可愛，瞬眼而輒空；流水堪聽，過耳而不戀。人能以明霞視美色，則業障自輕；人能以流水聽絃歌，則性靈何害。

休怨我不如人，不如我者常眾；休誇我能勝人，勝如我者更多。

人心好勝，我以勝應必敗；人情好謙，我以謙處反勝。

人言天不禁人富貴，而禁人清閒，人自不閒耳。若能隨遇而安，不圖將來，不追既往，不蔽目前，何不清閒之有。

暗室貞邪誰見，忽而萬口喧傳；自心善惡炯然，凜於四王考校。

寒山詩云：「有人來罵我，分明了了知，雖然不應對，卻是得便宜。」此言宜深玩味。

恩愛吾之仇也，富貴身之累也。

馮驩之鋏彈老無魚；荊軻之筑擊來有淚。

以患難心居安樂，以貧賤心居富貴，則無往不泰矣；以淵谷視康莊，以疾病視強健，則無往不安矣。

41

有譽於前，不若無毀於後；有樂於身，不若無憂於心。

時悔。

富時不儉貧時悔，潛時不學用時悔，醉後狂言醒時悔，安不將息病

寒灰內半星之活火；濁流中一線之清泉。

攻玉於石，石盡則玉出；淘金於沙，沙盡而金露。

乍交不可傾倒，傾倒則交不終；久與不可隱匿，隱匿則心必嶮。

丹之所藏者赤，墨之所藏者黑。

懶可臥，不可風；靜可坐，不可思；悶可對，不可獨；勞可酒，不可食；醉可睡，不可淫。

書生薄命原同妾，丞相憐才不論官。

少年靈慧，知抱夙根；今生冥頑，可卜來世。

撥開世上塵氛，胸中自無火炎冰兢；消却心中鄙吝，眼前時有月到風來。

塵緣割斷，煩惱從何處安身；世慮潛消，清虛向此中立腳。

市爭利，朝爭名，蓋棺日何物可殉蒿里；春賞花，秋賞月，荷鋤時此身常醉蓬萊。

43

駟馬難追，吾欲三緘其口；隙駒易過，人當寸惜乎陰。

萬分廉潔止是小善；一點貪污便為大惡。

衒奇之疾，醫以平易；英發之疾，醫以深沉；闊大之疾，醫以充實。

才舒放即當收斂，才言語便思簡默。

貧不足羞，可羞是貧而無志；賤不足惡，可惡是賤而無能；老不足嘆，可嘆是老而虛生；死不足悲，可悲是死而無補。

身要嚴重，意要閒定；色要溫雅，氣要和平；語要簡徐，心要光明；量要闊大，志要果毅；機要縝密，事要妥當。

富貴家宜學寬，聰明人宜學厚。

休委罪於氣化，一切責之人事；休過望於世間，一切求之我身。

世人白晝寐語，苟能寐中作白晝語，可謂常惺惺矣。

觀世態之極幻，則浮雲轉有常情；咀世味之皆空，則流水翻多濃旨。

大凡聰明之人，極是誤事。何以故？惟聰明生意見，意見一生，便不忍捨割。往往溺於愛河慾海者，皆極聰明之人。

是非不到釣魚處，榮辱常隨騎馬人。

名心未化，對妻孥亦自矜莊；隱衷釋然，即夢寐皆成清楚。

45

觀蘇季子以貧窮得志，則負郭二頃田，誤人實多；觀蘇季子以功名殺身，則武安六國印，害人不淺。

名利場中，難容伶俐；生死路上，正要糊塗。

一杯酒留萬世名，不如生前一杯酒，自身行樂耳，遑恤其他；百年人做千年調，至今誰是百年人，一棺戢身，萬事都已。

郊野非葬人之處，樓臺是為邱墓；邊塞非殺人之場，歌舞是為刀兵。試觀羅綺紛紛，何異旌旗密密；聽管弦冗冗，何異松柏蕭蕭。葬王侯之骨，能消幾處樓臺；落壯士之頭，經得幾番歌舞。達者統為一觀，愚人指為兩地。

節義傲青雲，文章高白雪。若不以德性陶鎔之，終為血氣之私，技能之末。

46

我有功於人，不可念，而過則不可不念；人有恩於我，不可忘，而怨則不可不忘。

徑路窄處，留一步與人行；滋味濃時，減三分讓人嗜。此是涉世一極安樂法。

己情不可縱，當用逆之法制之，其道在一忍字；人情不可拂，當用順之法調之，其道在一恕字。

昨日之非不可留，留之則根燼復萌，而塵情終累乎理趣；今日之是不可執，執之則渣滓未化，而理趣反轉為欲根。

文章不療山水癖，身心每被野雲羈。

47

生活智慧語錄──醉古堂劍掃

卷二 情

語云：當為情死，不當為情怨。明乎情者，原可死而不可怨者也。雖然，既云情矣，此身已為情有，又何忍死耶？然不死終不透徹耳。韓翃之柳，崔護之花，漢宮之流葉，蜀女之飄梧，令後世有情之人咨嗟想慕，托之語言，寄之歌詠；而奴無崑崙，客無黃衫，知己無押衙，同志無虞侯，則雖盟在海棠，終是陌路蕭郎耳。集情第二。

幾條楊柳，沾來多少啼痕；三疊陽關，唱徹古今離恨。

世無花月美人，不願生此世界。

荀令君至人家，坐處常三日香。

馨南山之竹，寫意無窮；決東海之波，流情不盡；愁如雲而長聚，淚若水以難乾。

弄綠綺之琴，焉得文君之聽；濡彩毫之筆，難描京兆之眉；瞻雲望月，無非淒愴之聲；弄柳拈花，盡是銷魂之處。

悲火常燒心曲，愁雲頻壓眉尖。

五更三四點，點點生愁；一日十二時，時時寄恨。

燕約鶯期，變作鸞悲鳳泣；蜂媒蝶使，翻成綠慘紅愁。

花柳深藏淑女居，何殊弱水三千；雨雲不入襄王夢，空憶十二巫山。

枕邊夢去心亦去，醒後夢還心不還。

萬里關河，鴻雁來時悲信斷；滿腔愁緒，子規啼處憶人歸。

千疊雲山千疊愁，一天明月一天恨。

豆蔻不消心上恨，丁香空結雨中愁。

月色懸空，皎皎明明，偏自照人孤另；蛩聲泣露，啾啾唧唧，都來助

我愁思。

慈悲筏，濟人出相思海；恩愛梯，接人下離恨天。

費長房，縮不盡相思地；女媧氏，補不完離恨天。

孤燈夜雨，空把青年誤，樓外青山無數，隔不斷新愁來路。

黃葉無風自落，秋雲不雨長陰。天若有情天亦老，搖搖幽恨難禁，惆

悵舊歡如夢，覺來無處追尋。

蛾眉未贖，謾勞桐葉寄相思；潮信難通，空向桃花尋往跡。

野花艷目，不必牡丹，村酒酣人，何須綠蟻。

52

琴罷輒舉酒，酒罷輒吟詩，三友遞相引，循環無已時。

阮籍鄰家少婦有美色，當壚沽酒，籍嘗詣飲，醉便臥其側。

隔簾聞墮釵聲，而不動念者，此人不癡則慧，我幸在不癡不慧中。

桃葉題情，柳絲牽恨。

胡天胡帝，登徒於焉怡目；為雲為雨，宋玉因而蕩心。

輕泉刀若土壤，居然翠袖之朱家，重然諾如邱山，不添紅粉之季布。

蝴蝶長懸孤枕夢，鳳凰不上斷弦鳴。

吳妖小玉飛作煙，越艷西施化為土。

妙唱非關古，多情豈在腰。

孤鴻翱翔以不去，浮雲黯對而荏苒。

楚王宮裏，無不推其細腰；魏國佳人，俱言詫其纖手。

傳鼓瑟於楊家，得吹簫於秦女。

春草碧色，春水綠波，送君南浦，傷如之何。

玉樹以珊瑚作枝，珠簾以玳瑁為柙。

東鄰巧笑,來侍寢於更衣;西子微顰,將橫陳於甲帳。

騁纖腰於結風,奏新聲於度曲,妝鳴蟬之薄鬢,照墮馬之垂鬟。金星與婺女爭華,麝月共嫦娥競爽。驚鸞冶袖,時飄韓椽之香;飛燕長裾,宜結陳王之佩。輕身無力,怯南陽之搗衣;生長深宮,笑扶風之織錦。

青牛帳裏,餘曲既終,朱鳥窗前,新妝已竟。

山河綿邈,粉黛若新。椒華承彩,竟虛待月之簾;葵骨埋香,誰作雙鸞之霧。

蜀紙麝煤添筆媚,越甌犀液發茶香,風飄亂點更籌轉,拍送繁弦曲破長。

教移蘭燼頻羞影，自拭香湯更怕深，初似染花難抑按，終憂沃雪不勝任，豈知侍女簾幃外，賺取君玉數餅金。

靜中樓閣深春雨，遠處簾櫳半夜燈。

綠屏無睡秋分簟，紅葉傷時月午樓。

但覺夜深花有露，不知人靜月當樓，何郎燭暗誰能詠，韓壽香薰亦任偷。

閬苑有書多附鶴，女墻無樹不棲鸞，星沉海底當窗見，雨過河源隔座看。

風階拾葉，山人茶竈勞薪；月徑聚花，素士吟壇綺席。

56

當場笑語，盡如形骸外之好人；背地風波，誰是意氣中之烈士。

山翠撲簾，捲不起青蔥一片，樹陰流徑，掃不開芳影幾重。

珠簾蔽月，翻窺窈窕之花；綺幔藏雲，恐礙扶疏之柳。

幽堂晝深，清風忽來好伴，虛窗夜朗，明月不減故人。

多恨賦花，風瓣亂侵筆墨；含情問柳，雨絲牽惹衣裾。

亭前楊柳，送盡到處遊人；山下蘼蕪，知是何時歸路。

天涯浩緲，風飄四海之魂；塵士流離，灰染半生之劫。

蝶憩香風，尚多芳夢；鳥沾紅雨，不任嬌啼。

幽情化而石立，怨風結而冢青，千古空閨之感，頓令薄倖驚魂。

一片秋山，能療病容，半聲春鳥，偏喚愁人。

李太白酒聖，蔡文姬書仙，置之一時，絕妙佳偶。

華堂今日綺筵開，誰喚分司御史來，忽發狂言驚滿座，兩行紅粉一時回。

緣之所寄，一往而深。故人恩重，來燕子於雕樑；逸士情深，托鳧雛於春水。好夢難通，吹散巫山雲氣；仙緣未合，空探遊女珠光。

桃花水泛，曉妝宮裏膩胭脂；楊柳風多，墮馬結中搖翡翠。

對妝則色殊，比蘭則香越，泛明彩於宵波，飛澄華於曉月。

紛弱葉而凝照，競新藻而抽英。

手巾還欲燥，愁眉即使開，逆想行人至，迎前含笑來。

逶迤洞房，半入宵夢，窈窕閒館，方增客愁。

懸媚子於搔頭，拭釵梁於粉絮。

臨風弄笛，欄杆上桂影一輪；掃雪烹茶，籬落邊梅花數點。

銀燭輕彈，紅妝笑倚，人堪惜，情更堪惜；困雨花心，垂陰柳耳，客

59

堪憐，春亦堪憐。

肝膽誰憐，形影自為管鮑；唇齒相濟，天涯孰是窮交。興言及此，輒欲再廣絕交之論，重作署門之句。

燕市之醉泣，楚帳之悲歌，岐路之涕零，窮途之慟哭。每一退念及此，雖在千載以後，亦感慨而興嗟。

陌上繁華，兩岸春風輕柳絮；閨中寂寞，一窗夜雨瘦梨花。

芳草歸遲，青驄別易，多情成戀，薄命何嗟；要亦人各有心，非關女德善怨。

山水花月之際，看美人更覺多韻。非美人借韻於山水花月也，山水花月直借美人生韻耳。

60

深花枝，淺花枝，深淺花枝相間時，花枝難似伊；巫山高，巫山低，

暮雨瀟瀟郎不歸，空房獨守時。

鳳凰。

青娥皓齒別吳倡，梅粉妝成半額黃；羅屏繡幔圍寒玉，帳裏吹笙學

月語。

初彈如珠後如縷，一聲兩聲落花雨，訴盡平生雲水心，盡是春花秋

管逐。

春嬌滿眼睡紅綃，掠削雲鬟旋妝束，飛上九天歌一聲，二十五郎吹

琵琶新曲，無待石崇；箜篌雜引，非因曹植。

休文腰瘦，羞驚羅帶之頻寬；賈女容銷，懶照蛾眉之常鎖。

琉璃硯匣，終日隨身；翡翠筆床，無時離手。

清文滿篋，非惟芍藥之花；新製連篇，寧止葡萄之樹。

西蜀豪家，託情窮於魯殿；東臺甲館，流詠止於洞簫。

醉把杯酒，可以吞江南吳越之清風；拂劍長嘯，可以吸燕趙秦隴之勁氣。

林花翻灑，乍飄颺於蘭皋；山禽囀響，時弄聲於喬木。

長將姊妹叢中避，多愛湖山僻處行。

未知枕上曾逢女，可認眉尖與畫郎。

半節。

蘋風未冷催鴛別，沉檀合子留雙結；千縷愁絲只數圍，一片香痕才

那忍重看娃鬢綠，終期一遇客衫黃。

金錢賜侍兒，暗囑教休話。

越催。

薄霧幾層推月出，好山無數渡江來；輪將秋動蟲先覺，換得更深鳥

花飛簾外憑箋訊，雨到窗前滴夢寒。

檣標遠漢，昔時魯氏之戈；帆影寒沙，此夜姜家之被。

填愁不滿吳娃井，剪紙空題蜀女祠。

良緣易合，紅葉亦可為媒；知己難投，白璧未能獲主。

填平湘岸都栽竹，截住巫山不放雲。

鴨為憐香死，鴛因泥睡癡。

紅印山痕春色微，珊瑚枕上見花飛，煙鬟撩亂香雲濕，疑向襄王夢裏歸。

零亂如珠為點妝，素輝乘月濕衣裳，只愁天酒傾如斗，醉卻環姿傍玉床。

有魂落紅葉，無骨鎖青鬟。

書題蜀紙愁難浣，雨歇巴山話亦陳。

盈盈相隔愁追隨，誰為解語來香帷。

斜看兩鬢垂，儼似行雲嫁。

玉郎。

欲與梅花鬥寶妝，先開嬌艷逼寒香，只愁冰骨藏珠屋，不似紅衣待

從教弄酒春衫涴，別有風流上眼波。

聽風聲以興思，聞鶴唳以動懷，企莊生之逍遙，慕尚子之清曠。

燈結細花成穗落，淚題愁字帶痕紅。

無端飲卻相思水，不信相思想殺人。

漁舟唱晚，響窮彭蠡之濱；雁陣驚寒，聲斷衡陽之浦。

爽籟發而清風生，纖歌凝而白雲遏。

杏子輕紗初脫暖，梨花深院自多風。

卷三　峭

今天下皆婦人矣，封疆縮其地，而中庭之歌舞猶喧；戰血枯其人，而滿座之貂貚自若。我輩書生，既無誅賊討亂之柄，而一片報國之忱，惟於寸楮尺隻字間見之；使天下之鬚眉而婦人者，亦聳然有起色。集峭第三。

忠孝吾家之寶，經史吾家之田。

閒到白頭真是拙，醉逢青眼不知狂。

興之所到，不妨嘔出驚人心，故不然，也須隨場作戲。

放得俗人心下，方可為丈夫。放得丈夫心下，方名為仙佛。放得仙佛心下，方名為得道。

吟詩劣於講學，罵座惡於足恭。兩而揆之，寧為薄行狂夫，不作厚顏君子。

觀人題壁，便識文章。

寧為真士夫，不為假道學；寧為蘭摧玉折，不作蕭敷艾榮。

68

隨口利牙，不顧天荒地老；翻腸倒肚，那管鬼哭神愁。

身世浮名，余以夢蝶視之，斷不受肉眼相看。

達人撒手懸崖，俗子沉身苦海。

銷骨口中，生出蓮花九品，鑠金舌上，容他鸚鵡千言。

少言語以當貴，多著述以當富，載清名以當車，咀英華以當肉。

竹外窺鶯，樹外窺山，峰外窺雲，難道我有意無意；鳥來窺人，月來窺酒，雪來窺書，卻看他有情無情。

69

體裁如何，出月隱山；情景如何，落日映嶼；氣魄如何，收露斂色；議論如何，回飆拂渚。

有大通必有大塞，無奇遇必無奇窮。

霧滿楊溪，玄豹山間偕日月；雲飛翰苑，紫龍天外借風雷。

西山霽雪，東嶽含煙；駕鳳橋以高飛，登雁塔而遠眺。

一失腳為千古恨，再回頭是百年人。

居軒冕之中，不可無山林的氣味；處林泉之下，須常懷廊廟的經綸。

學者要有兢業的心思，又要有瀟灑的趣味。

平民種德施惠，是無位之卿相；仕夫貪財好貨，乃有爵的乞人。

煩惱場空，身住清涼世界；營求念絕，心歸自在乾坤。

覷破興衰究竟，人我得失冰消；閱盡寂寞繁華，豪傑心腸灰冷。

名衲談禪，必執經升座，便減三分禪理。

今世，誰堪語此？

窮通之境未遭，主持之局已定；老病之勢未催，生死之關先破。求之

一紙八行，不遇寒溫之句；魚腹雁足，空有往來之煩。是以嵇康不作，嚴光口傳，豫章擲之水中，陳秦掛之壁上。

枝頭秋葉，將落猶然戀樹；前野鳥，除死方得離籠。人之處世，可憐如此。

士人有百折不回之真心，才有萬變不窮之妙用。

立業建功，事事要從實地著腳；若少慕聲聞，便成偽果。講道修德，念念要從虛處立基；若稍計功效，便落塵情。

執拗者福輕，而圓融之人其祿必厚；操切者壽夭，而寬厚之士其年必長；故君子不言命，養性即所以立命；亦不言天，盡人自可以回天。

才智英敏者，宜以學問攝其躁；氣節激昂者，當以德性融其偏。

蒼蠅附驥，捷則捷矣，難辭處後之羞；蔦蘿依松，高則高矣，未免仰攀之恥。所以君子寧以風霜自挾，毋為魚鳥親人。

伺察以為明者，常因明而生暗，故君子以恬養智；奮迅以求速者，多因速而致遲，故君子以動持輕。

有面前之譽易，無背後之毀難；有乍交之歡易，無久處之厭難。

宇宙內事，要擔當，又要善擺脫。不擔當，則無經世之事業，不擺脫，則無出世之襟期。

待人而留有餘不盡之恩，可以維繫無厭之人心；御事而留有餘不盡之智，可以提防不測之事變。

無事如有事，時提防，可以強意外之變；有事如無事，時鎮定，可以銷局中之危。

愛是萬緣之根，當知割捨；識是眾欲之本，要力掃除。

圓融。

舌存，常見齒亡，剛強終不勝柔弱；戶朽，未聞樞蠹，偏執豈及乎

榮寵旁邊辱等待，不必揚揚；困窮背後福跟隨，何須戚戚。

看破有盡身軀，萬境之塵緣自息；悟入無懷境界，一輪之心月獨明。

戲，識宇宙活潑之機。

霜天聞鶴唳，雪夜聽雞鳴，得乾坤清絕之氣；晴空看鳥飛，活水觀魚

斜陽樹下，閒隨老衲清談；深雪堂中，戲與騷人白戰。

山月江煙，鐵笛數聲，便成清賞；天風海濤，扁舟一葉，大是奇觀。

秋風閉戶，夜雨挑燈，臥讀離騷淚下；霽日尋芳，春宵載酒，閒歌樂府神怡。

雲水中載酒，松篁裏煎茶，豈必鑾坡侍宴；山林下著書，花鳥間得句，何須鳳沼揮毫。

人生不好古，象鼎犧樽，變為瓦缶；世道不憐才，鳳毛麟角，化作灰塵。

要做男子，須負剛腸，欲學古人，當堅苦志。

風塵善病，伏枕處一片青山；歲月長吟，操觚時千篇白雪。

親兄弟折箸，璧合翻作瓜分；士大夫愛錢，書香化為銅臭。

75

心為形役，塵世馬牛；身被名牽，樊籠雞鶩。

懶見俗人，權辭託病；怕逢塵事，詭跡逃禪。

人不通古今，襟裾馬牛；士不曉廉恥，衣冠狗彘。

道院吹笙，松風裊裊；空門洗缽，花雨紛紛。

囊無阿堵物，豈便求人；盤有水晶鹽，猶堪留客。

種兩頃附郭田，量晴較雨；尋幾個知心友，弄月嘲風。

著屐登山，翠微中獨逢老衲；乘桴浮海，雪浪裏群傍閒鷗。

76

才士不妨泛駕，轅下駒吾弗願也；諍臣豈合模稜，殿上虎君無尤焉。

荷錢榆莢，飛來都作青蚨；柔玉溫香，觀想可成白骨。

旅館題蕉，一路留來魂夢譜；客途驚雁，半天寄落別離書。

歌兒帶煙霞之致，舞女具邱壑之資；生成世外風姿，不慣塵中物色。

今古文章，只在蘇東坡鼻端定優劣；一時人品，卻從阮嗣宗眼內別雌黃。

魑魅滿前，笑著阮家無鬼論；炎囂閱世，愁披劉氏北風圖。氣奪山川，色結煙霞。

詩思在灞凌橋上，微吟處，林岫便已浩然；野趣在鏡湖曲邊，獨往時，山川自相映發。

至音不合眾聽，故伯牙絕弦；至寶不同眾好，故卞和泣玉。

看文字，須如猛將用兵，直是鏖戰一陣；亦如酷吏治獄，直是推勘到底，決不恕他。

名山乏侶，不解壁上芒鞋；好景無詩，虛攜囊中錦字。

遼水無極，雁山參雲，閨中風暖，陌上草薰。

秋露如珠，秋月如珪；明月白露，光陰往來；與子之別，思心徘徊。

聲應氣求之夫，決不在於尋行數墨之士；風行水上之文，決不在於一字一句之奇。

借他人之酒杯，澆自己之塊壘。

春至不知湘水深，日暮忘卻巴陵道。

卿刺鄭聲，周人傷北里。

奇曲雅樂，所以禁淫也；錦繡黼黻，所以禦暴也。縟則太過，是以檀

靜若清夜之列宿，動若流彗之互奔。振駿氣以擺雷，飛雄光以倒電。

停之如棲鵠，揮之如驚鴻，飄纓蕤於軒幌，發暉曜於群龍。始緣甍而冒棟，終開簾而入隙；初便娟於墀廡，未縈盈於帷席。

79

雲氣蔭於叢蓍，金精養於秋菊；落葉半床，狂花滿屋。

雨送添硯之水，竹供掃榻之風。

血三年而藏碧，魂一變而成紅。

舉黃花而乘月艷，籠黛葉而捲雲翹。

垂綸簾外，疑鉤勢之重懸；透影窗中，若鏡光之開照。

疊輕蕊而矜暖，布重泥而訝濕；跡似連珠，形如聚粒。

霄光分曉，出虛竇以雙飛；微陰合瞑，舞低而並入。

任他極有見識，看得假認不得真；隨你極有聰明，賣得巧藏不得拙。

傷心之事，即懦夫亦動怒髮；快心之舉，雖愁人亦開笑顏。

論官府不如論帝王，以佐史臣之不逮；談閨閫不如談艷麗，以補風人之見遺。

是技皆可成名天下，唯無技之人最苦；片技即足自立天下，唯多技之人最勞。

傲骨、俠骨、媚骨，即枯骨可致千金；冷語、雋語、韻語，即片語亦重九鼎。

議生草莽無輕重，論到家庭無是非。

聖賢不白之衷，托之日月；天地不平之氣，托之風雷。

風流易蕩，佯狂近顛。

書載茂先三十乘，便可移家；囊無子美一文錢，盡堪結客。

有作用者，器宇定是不凡；有受用者，才情決然不露。夫人有短，所以見長。

松枝自是幽人筆，竹葉常浮野客杯。且與少年飲美酒，往來射獵西山頭。

好山當戶天呈畫，古寺為鄰僧報鐘。

瑤草與芳蘭而並茂，蒼松齊古柏以增齡。

群鴻戲海，野鶴遊天。

生活智慧語錄──醉古堂劍掃

卷四

靈

天下有一言之微，而千古如新，一字之義，而百世如見者，安可泯滅之？故風雷雨露，天之靈，山川名物，地之靈，語言文字，人之靈；畢三才之用，無非一靈以神其間，而又何可泯滅之？集靈第四。

投刺空勞，原非生計；曳裾自屈，豈是交遊。

事遇快意處當轉，言遇快意處當住。

儉為賢德，不可著意求賢；貧是美稱，只是難居其美。

志要高華，趣要淡泊。

眼裏無點灰塵，方可讀書千卷；胸中沒些渣滓，才能處世一番。

眉上幾分愁，且去觀棋酌酒；心中多少樂，只來種竹澆花。

茅屋竹窗，貧中之趣，何須腳到李侯門；草帖畫譜，閒裏所需，直憑心遊楊子宅。

86

好香用以薰德，好紙用以垂世，好筆用以生花，好墨用以煥彩，好茶用以滌煩，好酒用以消憂。

聲色娛情，何若淨几明窗，一坐息頃；利榮馳念，何若名山勝景，一登臨時。

竹籬茅舍，石屋花軒，松柏群吟，藤蘿翳景；流水繞戶，飛泉掛；煙霞欲棲，林壑將暝。中處野叟山翁四五，予以閒身，作此中主人。坐沉紅燭，看遍青山，消我情腸，任他冷眼。

問婦索釀，甕有新蒭；呼童煮茶，門臨好客。

花前解佩，湖上停橈，弄月放歌，採蓮高醉；晴雲微裊，漁笛滄浪，華勾一垂，江山共崢。

胸中有靈丹一粒，方能點化俗情，擺脫世故。

獨坐禪房，瀟然無事，烹茶一壺，燒香一炷，看達摩面壁圖。垂簾少頃，不覺心淨神清，氣柔息定，濛濛然如混沌境界，意者揖達摩與之乘槎而見麻姑也。

無端妖冶，終成泉下骷髏；有分功名，自是夢中蝴蝶。

累月獨處，一室蕭條；取雲霞為伴侶，引青松為心知。或稚子老翁，閒中來過，濁酒一壺，蹲鴟一盂，相共開笑口，所談浮生閒話，絕不及市朝。客去關門，了無報謝，如是畢餘生足矣。

半塢白雲耕不盡，一潭明月釣無痕。

茅外，忽聞犬吠雞鳴，恍似雲中世界；竹窗下，唯有蟬吟鵲噪，方知靜裏乾坤。

如今休去便休去，若覓了時無了時。若能行樂，即今便好快活。身上無病，心上無事，春鳥是笙歌，春花是粉黛。閒得一刻，即為一刻之樂，何必情欲，乃為樂耶？

開眼便覺天地闊，撾鼓非狂；林臥不知寒暑，上床空算。

惟儉可以助廉，惟恕可以成德。

山澤未必有異士，異士未必在山澤。

業淨六根成慧眼，身無一物到茅庵。

89

人生莫如閒，太閒反生惡業；人生莫如清，太清反類俗情。

不是一番寒徹骨，怎得梅花撲鼻香。念頭稍緩時，便宜莊誦一遍。

夢以昨日為前身，可以今夕為來世。

讀史要耐訛字，正如登山耐仄路，蹈雪耐危橋，閒居耐俗漢，看花耐惡酒，此方得力。

世外交情，惟山而已。須有大觀眼，濟勝具，久住緣，方許與之莫逆。

九山散樵跡，俗間徜徉自肆，遇佳山水處，盤礴箕踞，四顧無人，則劃然長嘯，聲振林木；有客造榻與語，對曰：「余方遊華胥，接羲皇，未暇理君語。」客之去留，蕭然不以為意。

90

擇池納涼，不若先除熱惱；執鞭求富，何如急遣窮愁。

萬籟疏風清，兩耳聞世語，急須敲玉磬三聲；九天涼月淨，初心誦其經，勝似撞金鐘百下。

無事而憂，對景不樂，即自家亦不知是何緣故，這便是一座活地獄，更說甚麼銅床鐵柱，劍樹刀山也。

煩惱之場，何種不有，以法眼照之，奚啻蠍蹈空花。

上高山，入深林，窮迴溪，幽泉怪石，無遠不到；到則拂草而坐，傾壺而醉，醉則更相枕藉以臥，意亦甚適，夢亦同趣。

閉門閱佛書，開門接佳客，山門尋山水，此人生三樂。

客散門局，風微日落，碧月皎皎當空，花陰徐徐滿地；近鳥宿，遠寺鐘鳴，茶鐺初熟，酒甕乍開；不成八韻新詩，畢竟一團俗氣。

不作風波於世上，自無冰炭到胸中。

秋月當天，纖雲都淨，露坐空闊去處，清光冷浸，此身如在水晶宮裏，令人心膽澄澈。

遺子黃金滿篋，不如教子一經。

凡醉各有所宜：醉花宜晝，襲其光也；醉雪宜夜，清其思也；醉得意宜唱，宣其和也；醉將離宜擊缽，壯其神也；醉文人宜謹節奏，畏其侮也；醉俊人宜益觥盂加旗幟，助其怒也；醉樓宜暑，資其清也；醉水宜秋，泛其爽也。此皆審其宜，考其景，反此則失飲矣。

竹風一陣，飄颺茶竈疏煙；梅月半彎，掩映書窗殘雪。

廚冷分山翠，樓空入水煙。

閒疏滯葉通鄰水；擬典荒居作小山。

聰明而修潔，上帝固錄清虛；文墨而貪殘，冥官不受詞賦。

破除煩惱，二更山寺木魚聲；見徹性靈，一點雲堂優缽影。

興來醉倒落花前，天地即為衾枕；機息坐忘磐石上，古今盡屬蜉蝣。

老樹著花，更覺生機鬱勃；秋禽弄舌，轉令幽興瀟疏。

完得心上之本來，方可言了心；盡得世間之常道，才堪論出世。

之深趣。

雪後尋梅，霜前訪菊，雨際護蘭，風外聽竹；固野客之閒情，實文人

支法，八尺沉香床。浴罷溫泉，投床鼾睡，以此避暑，詎不樂也？

結一草堂，南洞庭月，北蛾眉雪，東泰岱松，西瀟湘竹；中具晉高僧

意；一石不曉，而多畫意；淡宕故也。

人有一字不識，而多詩意；一偈不參，而多禪意；一勺不濡，而多酒

以看世人青白眼，轉而看書，則聖賢之真見識；以議論人雌黃口，轉

而論史，則左狐之真是非。

事到全美處，怨我者不能開指摘之端；行到至污處，愛我者不能施掩

護之法。

必出世者，方能入世，不則世緣易墮；必入世者，方能出世，不則空趣難持。

調性之法，急則佩韋，緩則佩弦；諧情之法，水則從舟，陸則從車。

才人之行多放，當以正斂之；正人之行多板，當以趣通之。

人有不及，可以情恕；非義相干，可以理遣。佩此兩言，足以遊世。

冬起欲遲，夏起欲早；春睡欲足，午睡欲少。

無事當學白樂天之嗒然，有客宜仿李建勳之擊磬。

郊居，誅茅結屋，雲霞棲欂棟之間，竹樹在汀洲之外；與二三之同調，望衡對宇，聯接巷陌；風天雪夜，買酒相呼；此時覺麴生氣味，十倍市飲。

云：讀書如服藥，藥多力自行。

萬事皆易滿足，惟讀書終身無盡；人何不以不知足一念加之書。又

醉後輒作草書十數行，便覺酒氣拂拂，從十指出也。

書引藤為架，人將薜作衣。

從江干溪畔，箕踞石上，聽水聲浩浩潺潺，粼粼冷冷，恰似一部天然之樂韻，疑有湘靈在水中鼓瑟也。

鴻中疊石，常論高下，但有木陰水氣，便自超絕。

段由夫攜瑟，就松風澗響之間曰，三者皆自然之聲，正合類聚。

高臥閒窗，綠陰清晝，天地何其寥廓也。

少學琴書，偶愛清淨，開卷有得，便欣然忘食；見樹木交映，時鳥變聲，亦復歡然有喜。常言五六月，臥北窗下，遇涼風暫至，自謂羲皇上人。

空山聽雨，是人生如意事。聽雨必於空山破寺中，寒雨圍爐，可以燒敗葉，烹鮮筍。

鳥啼花落，欣然有會於心。遣小奴，挈癭樽，酤白酒，醋一梨花瓷盞；急取詩卷，快讀一過以咽之，蕭然不知其在塵埃間也。

閉門即是深山，讀書隨處淨土。

千巖競秀，萬壑爭流，草木蒙籠其上，若雲興霞蔚。

從山陰道上行，山川自相映發，使人應接不暇；若秋冬之際，猶難為懷。

欲見聖人氣象，須於自己胸中潔淨時觀之。

執筆惟憑於手熟，為文每事於口占。

箕踞於班竹林中，徙倚於青磯石上；所有道笈梵書，或校讎四五字，或參諷一兩章。茶不甚精，壺亦不燥，香不甚良，灰亦不死；短琴無曲而有弦，長謳無腔而有音。激氣發於林樾，好風逆之水涯，若非羲皇以上，定亦稽阮之間。

聞人善，則疑之，聞人惡，則信之，此滿腔殺機也。

士君子盡心利濟，使海內少他不得，則天亦自然少他不得，即此便是立命。

讀書不獨變氣質，且能養精神，蓋理義收攝故也。

周旋人事後，當誦一部清靜經；吊喪問疾後，當念一通扯淡歌。

臥石不嫌於斜，立石不嫌於細，倚石不嫌於薄，盆石不嫌於巧，山石不嫌於拙。

雨過生涼境閒情，適鄰家笛韻，與晴雲斷雨逐聽之，聲聲入肺腸。

99

不惜費，必至於空乏而求人；不受享，無怪乎守財而遺誚。

園亭若無一段山林景況，只以壯麗相炫，便覺俗氣撲人。

餐霞吸露，聊駐紅顏；弄月嘲風，閒銷白日。

清之品有五：睹標致，發厭俗之心，見精潔，動出塵之想，名曰清興；知蓄書史，能親筆硯，布景物有趣，種花木有方，名曰清致；紙裏窺錢，瓦瓶中藏粟，困頓於荒野，擯棄乎血屬，名曰清苦；指幽僻之耽，誇以為高，好言動之異，標以為放，名曰清狂；博極今古，適情泉石，文韻帶煙霞，行事絕塵俗，名曰清奇。

對棋不若觀棋，觀棋不若彈瑟，彈瑟不若聽琴。古云：「但識琴中趣，何勞弦上音。」斯言信然。

100

奕秋往矣，伯牙往矣，千百世之下，止存遺譜，似不能盡有益於人。唯詩文字畫，足為傳世之珍，垂名不朽。總之身後名，不若生前酒耳。

君子雖不過信人，君子斷不過疑人。

人只把不如我者較量，則自知足。

折膠鑠石，雖累變於歲時；熱惱清涼，原只在於心境。所以佛國都無寒暑，仙都長似三春。

鳥棲高枝，彈射難加；魚潛深淵，網釣不及；士隱巖穴，禍患焉至。

於射而得揖讓，於碁而得征誅；於忙而得伊周，於閒而得巢許；於醉而得瞿曇，於病而得老莊，於飲食衣服、出作入息，而得孔子。

前人云：「晝短苦夜長，何不秉燭遊？」不當草草看過。

優人代古人語，代古人笑，代古人憤，今文人為文似之。優人登臺肖古人，下臺還優人，今文人為文又似之。假令古人見今文人，當何如憤，何如笑，何如語？

看書只要理路通透，不可拘泥舊說，更不可附會新說。

簡傲不可謂高，詔諛不可謂謙，刻薄不可謂嚴明，闒茸不可謂寬大。

作詩能把眼前光景，胸中情趣，一筆寫出，便是作者，不必說唐說宋。

少年。

少年休笑老年顛，及到老時顛一般，只怕不到顛時老，老年何暇笑

饑寒困苦福將至已，飽飫宴遊禍將生焉。

打透生死關，生來也罷，死來也罷；參破名利場，得了也好，失了也好。

混跡塵中，高視物外；陶情杯酒，寄興篇詠；藏名一時，尚友千古。

癡矣狂客，酷好賓朋；賢哉細君，無違夫子。醉人盈座，簪裾半盡；酒家食客滿堂，瓶甕不離米肆。燈燭熒熒，且耽夜酌；爨煙寂寂，安問晨炊。生來不解攢眉，老去彌堪鼓腹。

皮囊速壞，神識常存，殺萬命以養皮囊，罪卒歸於神識。佛性無邊，經書有限，窮萬卷以求佛性，得不屬於經書。

人勝我無害，彼無蓄怨之心；我勝人非福，恐有不測之禍。

書屋前，列曲檻栽花，鑿方池浸月，引活水養魚；小窗下，焚清香讀書，設淨几鼓琴，捲疏簾看鶴，登高樓飲酒。

人人愛睡，知其味者甚鮮；睡則雙眼一合，百事俱忘，肢體皆適，塵勞盡消，即黃粱南柯，特餘事已耳。靜修詩云：「書外論交睡最賢。」旨哉言也。

過份求福，適以速禍；安分遠禍，將自得福。

倚勢而凌人者，勢敗而人凌；恃財而侮人者，財散而人侮。此循環之道。

我爭者，人必爭，雖極力爭之，未必得；我讓者，人必讓，雖極力讓之，未必失。

貧不能享客，而好結客；老不能徇世，而好維世；窮不能買書，而好讀奇書。

滄海日，赤城霞，蛾眉雪，巫峽雲，洞庭月，瀟湘雨，彭蠡煙，廣陵濤；廬山瀑布，合宇宙奇觀，繪吾齋壁。少陵詩，摩詰畫；左傳文，馬遷史；薛濤箋，右軍帖；南華經，相如賦，屈子離騷，收古今絕藝，置我山窗。

偶飯淮陰，定萬古英雄之眼，自有一段真趣；紛擾不寧者，何能得此？醉題便殿，生千秋風雅之光，自有一番奇特；踽踽褊下者，豈易獲諸？

清閒無事，坐臥隨心，雖粗衣淡食，但覺一塵不染；憂患纏身，繁擾奔忙，雖錦衣厚味，只覺萬狀愁苦。

我如為善，雖一介寒士，有人服其德；我如為惡，雖位極人臣，有人

議其過。

讀理義書，學法帖字；澄心靜坐，益友清談；小酌半醺，澆花種竹；聽琴玩鶴，焚香煮茶；泛舟觀山，寓意奕棋。雖有他樂，吾不易矣。

成名每在窮苦日，敗事多因得志時。

調息寡言，肺金自全；怡神寡慾，腎水自足。

寵辱不驚，肝木自寧；動靜以敬，心火自定；飲食有節，脾土不泄；

讓利精於取利，逃名巧於邀名。

彩筆描空，筆不落色，而空亦不受染；利刀割水，刀不損鍔，而水亦不留痕。

唾面自乾，婁師德不失為雅量；睚皆必報，郭象玄未免為禍胎。

天下可愛的人，都是可憐人；天下可惡的人，都是可惜人。

節千載一日。

事業文章，隨身銷毀，而精神萬古如新；功名富貴，逐世轉移，而氣

讀書到快目處，起一切沈淪之色；說話到洞心處，破一切曖昧之私。

諧臣媚子，極天下聰穎之人；秉正嫉邪，作世間忠直之氣。

隱逸林中無榮辱，道義路上無炎涼。

名心未化，對妻孥亦自矜莊；隱衷釋然，即夢寐皆成清楚。

聞謗而怒者，讒之囮；見譽而喜者，佞之媒。

灘濁作畫，正如隔簾看月，隔水看花，意在遠近之間，亦文章法也。

藏錦於心，藏繡於口；藏珠玉於咳唾，藏珍奇於筆墨；得時則藏於冊府，不得則藏於名山。

讀一篇軒快之書，宛見山青水白；聽幾句伶俐之語，如看嶽立川行。

讀書如竹外溪流，灑然而往；詠詩如萍末風起，勃焉而揚。

子弟排場，有舉止而謝飛揚，難博纏頭之錦；主賓御席，務廉隅而少蘊藉，終成泥塑之人。

取涼於箑，不若清風之徐來；激水於檸，不若甘雨之時降。

論，而無所發明，勢必乘簧鼓之場，一恣餘力。

有快捷之才，而無所建用，勢必乘憤激之處，一逞雄風；有縱橫之

月榭憑欄，飛凌縹緲；雲房啟戶，坐看氤氳。

發端無緒，歸結還自支離；入門一差，進步終成恍惚。

則密以棋具陳於前，納睹便欣然改容，取子布算，都忘其恚。

李納性辨急，酷尚奕棋，每下子，安詳極於寬緩。有時躁怒，家人輩

竹裏登樓，遠窺韻士，聆其談名理於坐上，而人我之相可忘；花間掃

石，時候棋師，觀其應危劫於枰間，而勝負之機早決。

六經為庖廚，百家為異饌；三墳為瑚璉，諸子為鼓吹；自奉得無大奢，請客未必能享。

說得一句好言，此懷庶幾才好。攬了一分閒事，此身永不得閒。

古人特愛松風，庭院皆植松，每聞其響，欣然往其下，曰：「此可浣盡十年塵胃。」

凡名易居，只有清名難居；凡福易享，只有清福難享。

賀蘭山外虛兮怨，無定河邊破鏡愁。

有書癖而無剪裁，徒號書廚；惟名飲而少醞藉，終非名飲。

飛泉數點雨非雨，空翠幾重山又山。

110

夜者日之餘，雨者月之餘，冬者歲之餘。當此三餘，人事稍疏，正可一意問學。

樹影橫床，詩思平凌枕外；雲華滿紙，字意隱躍行間。

耳目寬則天地窄，爭務短則日月長。

秋老洞庭，霜清彭澤。

聽靜夜之鐘聲，喚醒夢中之夢；觀澄潭之月影，窺見身外之身。

事有急之不白者，寬之或自明，毋躁急以速其忿；人有操之不從者，縱之或自化，毋操切以益其頑。

士君子貧不能濟物者，遇人癡迷處，出一言提醒之；遇人急難處，出一言解救之，亦是無量功德。

處父兄骨肉之變，宜從容，不宜激烈；遇朋友交遊之失，宜剴切，不宜優遊。

問祖宗之德澤，吾身所享者，是當念其積累之難；問子孫之福祉，吾身所貽者，是要思其傾覆之易。

韶光去矣，嘆眼前歲月無多，可惜年華如疾馬，長嘯歸與，知身外功名是假，好將姓字任呼牛。

意慕古，先存古，未敢反古；心持世，外厭世，未能離世。

苦惱世上，度不盡許多癡迷漢，人對之腸熱，我對之心冷；嗜欲場

中，喚不醒許多伶俐人，人對之心冷，我對之腸熱。

自古及今，山之勝，多妙於天成，每壞於人造。

畫家之妙，皆在運筆之先，運思之際；一經點染，便減機神。

長於筆者，文章即如言語；長於舌者，言語即成文章。昔人謂「丹青乃無言之詩，詩句乃有言之畫」；余則欲丹青似詩，詩句無言，方許各臻妙境。

舞蝶遊蜂，忙中之閒，閒中之忙；落花飛絮，景中之情，情中之景。

五夜雞鳴，喚起窗前明月；一覺睡起，看破夢裏當年。

想到非非想，茫然天際白雲；明至無無明，渾矣臺中明月。

逃暑深林，南風逗樹；脫帽露頂，沉李浮瓜；火宅炎宮，蓮花忽迸；

較之陶潛臥北窗下，自稱羲皇上人，此樂過半矣。

霜飛空而漫霧，雁照月而猜弦。

既景華而雕彩，亦密照而疏明；若春濕之揚藹，似秋漢之含星。

景澄則巖岫開鏡，風生則芳樹流芬。

類君子之有道，入暗室而不欺；同至人之無跡，懷明義以應時。

一翻一覆兮如掌，一死一生兮若輪。

卷五　素

袁石公云：「長安風雪夜，古廟冷鋪中，乞兒丐僧，齁齁如雷吼，而白髭老貴人，擁錦下帷，求一合眼不得。嗚呼！松間明月，檻外青山，未常拒人，而人人自拒者何哉？」集素第五。

田園有真樂，不瀟灑終為忙人；誦讀有真趣，不玩味終為鄙夫；山水有真賞，不領會終為漫遊；吟詠有真得，不解脫終為套語。

居處寄吾生，但得其地，不在高廣；衣服被吾體，但順其時，不在紈綺；飲食充吾腹，但適其可，不在膏粱；宴樂修吾好，但致其誠，不在浮靡。

披卷有餘閒，留客坐殘良夜月；褰帷無別務，呼童耕破遠山雲。

琴觴自對，鹿豕為群；任彼世態之炎涼，從他人情之反覆。

家居苦事物之擾，惟田舍園亭，別是一番活計；焚香煮茗，把酒吟詩，不許胸中生冰炭。

客寓多風雨之懷，獨禪林道院，轉添幾種生機；染翰揮毫，翻經問

116

偈，肯教眼底逐風塵。

茅齋獨坐茶頻煮，七碗後，氣爽神清；竹榻斜眠書漫拋，一枕餘，心閒夢穩。

帶雨有時種竹，關門無事鋤花；拈筆閒刪舊句，汲泉幾試新茶。

余嘗淨一室，置一几，陳幾種快意書，放一本舊法帖；古鼎焚香，素塵揮麈，意思小倦，暫休竹榻。餉時而起，則啜苦茗，信手寫漢書幾行，隨意觀古畫數幅。心目間，覺灑灑靈空，面上俗塵，當亦撲去三寸。

但看花開落，不言人是非。

莫戀浮名，夢幻泡影有限；且尋樂事，風花雪月無窮。

白雲在天，明月在地；焚香煮茗，閱偈翻經；俗念都捐，塵心頓盡。

暑中嘗默坐，澄心閉目，作水觀久之，覺肌髮灑灑，几閣間似有爽氣。

胸中只擺脫一戀字，便十分爽淨，十分自在；人生最苦處，只是此心；沾泥帶水，明是知得，不能割斷耳。

無事以當貴，早寢以當富，安步以當車，晚食以當肉；此巧於處貧矣。

三月茶筍初肥，梅風未困；九月蓴鱸正美，秫酒新香；勝友晴窗，出古人法書名畫，焚香評賞，無過此時。

高枕邸中，逃名世外，耕稼以輸王稅，採樵以奉親顏；新穀既升，田家大洽，肥豼烹以享神，枯魚燔而召友；蓑笠在戶，桔橰空懸，濁酒相命，擊缶長歌，野人之樂足矣。

118

為市井草莽之臣，早輸國課；作泉石煙霞之主，日遠俗情。

覆雨翻雲何險也，論人情，只合杜門；吟風弄月忽頹然，全天真，且須對酒。

春初玉樹參差，冰花錯落，瓊臺奇望，恍坐玄圃，羅浮若非；黃昏月下，攜琴吟賞，杯酒留連，則暗香浮動，疏影橫斜之趣，何能真實際。

性不堪虛，天淵亦受鳶魚之擾；心能會境，風塵還結煙霞之娛。

身外有身，捉塵尾矢口閒談，真如畫餅；竅中有竅，向蒲團回心究竟，方是力田。

山中有三樂。薜荔可衣，不羨繡裳；蕨薇可食，不貪粱肉；箕踞散

髮，可以逍遙。

終南當戶，雞峰如碧筍左簇，退食時秀色紛紛墮盤，山泉繞窗入廚，孤枕夢回，驚聞雨聲也。

世上有一種癡人，所食閒茶冷飯，何名高致。

桑林麥隴，高下競秀；風搖碧浪層層，雨過綠雲繞繞。雉雊春陽，鳩呼朝雨，竹籬茅舍，間以紅桃白李，燕紫鶯黃，寓目色相，自多村家閒逸之想，令人便忘艷俗。

雲生滿谷，月照長空，洗足收衣，正是宴安時節。

眉公居山中，有客問山中何景最奇，曰：「雨後露前，花朝雪夜。」又問何事最奇，曰：「釣因鶴守，果遣猿收。」

古今我愛陶元亮，鄉裏人稱馬少游。

嗜酒好睡，往往閉門；俯仰進趨，隨意所在。

霜水澄定，凡懸崖峭壁；古木垂蘿，與片雲纖月；一山映在波中，策杖臨之，心境俱清絕。

親不擡飯，雖大賓不宰牲；匪直戒奢，傯而可久，亦將免煩勞以安身。

饑生陽火，煉陰精；食飽傷神，氣不升。

心苟無事，則息自調；念苟無欲，則中自守。

文章之妙：語快令人舞，語悲令人泣，語幽令人冷，語憐令人惜，語險令人危，語慎令人密；語怒令人按劍，語激令人投筆，語高令人入雲，語低令人下石。

溪響松聲，清聽自遠；竹冠蘭佩，物色俱閒。

鄙吝一銷，白雲亦可贈客；渣滓盡化，明月自來照人。

存心有意無意之間，微雲淡河漢；應世不即不離之法，疏雨滴梧桐。

肝膽相照，欲與天下共分秋月；意氣相許，欲與天下共坐春風。

堂中設木榻四，素屏二，古琴一張，儒道佛書各數卷。樂天既來為主，仰觀山，俯聽水，傍睨竹樹雲石，自辰及酉，應接不暇。俄而物誘氣和，外適內舒，一宿體寧，再宿心恬，三宿後，頹然嗒然，不知其然而然。

偶坐蒲團，紙窗上月光漸滿，樹影參差，所見非空非色；此時雖名衲親人。

會心處不必在遠；翳然林水，便自有濠濮閒想，不覺鳥獸禽魚，自來親人。

茶欲白，墨欲黑；茶欲重，墨欲輕；茶欲新，墨欲陳。

馥噴五木之香，色冷冰蠶之錦

築風臺以思避，構仙閣而入圓。

客過草堂問：「何感慨而甘棲遯？」余倦於對，但拈古句答曰：「得閒多事外，知足少年中。」問：「是何功課？」曰：「種花春掃雪，看籙

123

卷五　素

夜焚香。」問：「是何利養？」曰：「硯田無惡歲，酒國有長春。」問：「是何還往？」曰：「有客來相訪，通名是伏羲。」

山居勝於城市，蓋有八德：不責苛禮，不見生客，不混酒肉，不競田產，不聞炎涼，不鬧曲直，不徵文逋，不談士籍。

採茶欲精，藏茶欲燥，烹茶欲潔。

茶見日而味奪，墨見日而色灰。

磨墨如病兒，把筆如壯夫。

園中不能辨奇花異石，惟一片樹陰，半庭蘚跡，差可會心忘形。友來或促膝劇論，或鼓掌歡笑，或彼談我聽，或彼默我喧，而賓主兩忘。

塵緣割斷，煩惱從何處安身；世慮潛消，清虛向此中立腳。

簷前綠蕉黃葵，老少葉，雞冠花，布滿階砌。移榻對之，或枕石高眠，或捉塵清話。門外車馬之塵滾滾，了不相關。

夜寒坐小室中，擁爐閒話。渴則敲冰煮茗；饑則撥火煨芋。

阿衡五就，那如莘野躬耕；諸葛七擒，爭似南陽抱膝。

飯後黑甜，日中薄醉，別是洞天；茶鐺酒臼，輕案繩床，尋常福地。

翠竹碧梧，高僧對奕；蒼苔紅葉，童子煎茶。

久坐神疲，焚香仰臥；偶得佳句，即令毛穎君就枕掌記，不則展轉失去。

和雪嚼梅花，羨道人之鐵腳；燒丹染香履，稱先生之醉吟。

燈下玩花，簾內看月，雨後觀景，醉裏題詩，夢中聞書聲，皆有別趣。

王思遠掃客坐留，不若杜門；孫仲益浮白俗談，足當洗耳。

鐵笛吹殘，長嘯數聲，空山答響；胡麻飯罷，高眠一覺，茂樹屯陰。

編茅為屋，疊石為階，何處風塵可到；據梧而吟，烹茶而語，此中幽興偏長。

皂囊白簡，被人描盡半生；黃帽青鞋，任我逍遙一世。

126

清閒之人不可惰其四肢，又須以閒人做閒事：臨古人帖，溫昔年書；拂几微塵，洗硯宿墨；灌園中花，掃林中葉。覺體少倦，放身匡床上，暫息半晌可也。

待客當潔不當侈，無論不能繼，亦非所以惜福。

葆真莫如少思，寡過莫如省事；善應莫如收心，解醲莫如淡志。

世味濃，不求忙而忙自至；世味淡，不偷閒而閒自來。

盤餐一菜，永絕腥膻，飯僧宴客，何煩六甲行廚；茆屋三楹，僅蔽風雨，掃地焚香，安用數童縛帚。

以儉勝貧，貧忘；以施代侈，侈化；以省去累，累消；以逆煉心，心定。

淨几明窗，一軸畫，一囊琴，一隻鶴，一甌茶，一爐香，一部法帖；小園幽徑，幾叢花，幾群鳥，幾區亭，幾拳石，幾池水，幾片閒雲。

花前無燭，松葉堪燃；石畔欲眠，琴囊可枕。

流年不復記，但見花開為春，花落為秋；終歲無所營，惟知日出而作，日入而息。

脫巾露頂，斑文竹籜之冠；倚枕焚香，半臂華山之服。

穀雨前後，為和凝湯社，雙井白茅，湖州紫筍，掃臼滌鐺，徵泉選火。以王濛為品司，盧仝為執權，李贊皇為博士，陸鴻漸為都統。聊消渴吻，敢諱水淫，差取嬰湯，以供茗戰。

128

窗前落月，戶外垂蘿；石畔草根，橋頭樹影；可立可臥，可坐可吟。

褻狎易契，日流於放蕩；莊厲難親，日進於規矩。

甜苦備嘗，好丟手，世味渾如嚼蠟；生死事大，急回頭，年光疾於跳丸。

若富貴，由我力取，則造物無權；若毀譽，隨人腳根，則讒夫得志。

清事不可著跡。若衣冠必求奇古，器用必求精良，飲食必求異巧，此乃清中之濁，吾以為清事之一蠹。

吾之一身，常有少不同壯，壯不同老；吾之身後，焉有子能肖父，孫能肖祖？如此期，必屬妄想，所可盡者，惟留好樣與兒孫而已。

129

卷五　素

若想錢，而錢來，何故不想；若愁米，而米至，人固當愁。曉起依舊貧窮，夜來徒多煩惱。

半窗一几，遠興閒思，天地何其寥闊也；清晨端起，亭午高眠，胸襟何其洗滌也。

行合道義，不卜自吉；行悖道義，縱卜亦凶。人當自卜，不必問卜。

奔走於權幸之門，自視不勝其榮，人竊以為辱；經營於利名之場，操心不勝其苦，己反以為樂。

宇宙以來有治世法，有傲世法，有維世法，有出世法，有垂世法。唐虞垂衣，商周秉鉞，是謂治世；巢父洗耳，褒公瞑目，是謂傲世；首陽輕周，桐江重漢，是謂維世；青牛度關，白鶴翔雲，是謂出世；若乃魯儒一人，鄒傳七篇，始謂垂世。

書室中修行法：心閒手懶，則觀法帖，以其可逐字放置也；手閒心懶，則治迂事，以其可作可止也；心手俱閒，則寫字作詩文，以其可以兼濟也；心手俱懶，則坐睡，以其不強役於神也；心不甚定，宜看詩及雜短故事，以其易於見意不滯於久也；心閒無事，宜看長篇文字，或經註，或史傳，或古人文集，此又甚宜於風雨之際及寒夜也。又曰：「手冗心閒則思，心冗手閒則臥，心手俱閒，則著作書字，心手俱冗，則思早畢其事，以寧吾神。」

片時清暢，即享片時；半景幽雅，即娛半景；不必更起姑待之心。

一室經行，賢於九衢奔走；六時禮佛，清於五夜朝天。

會意不求多，數幅晴光摩詰畫；知心能有幾，百篇野趣少陵詩。

醇醪百斛，不如一味太和之湯；良藥千包，不如一服清涼之散。

閒暇時，取古人快意文章，朗朗讀之，則心神超逸，鬚眉開張。

修淨土者，自淨其心，方寸居然蓮界；學禪坐者，達禪之理，大地盡作蒲團。

衡門之下，有琴有書，載彈載詠，爰得我娛；豈無他好，樂是幽居。

朝為灌園，夕偃蓬廬。

因葺舊廬，疏渠引泉，周以花木，日哦其間；故人過逢，瀹茗奕棋，杯酒淋浪，其樂殆非塵中有也。

逢人不說人間事，便是人間無事人。

閒居之趣，快活有五。不與交接，免拜送之禮，一也；終日可觀書鼓琴，二也；睡起隨意，無有拘礙，三也；不聞炎涼囂雜，四也；能課子耕

讀，五也。

雖無絲竹管弦之盛，一觴一詠，亦足以暢敘幽情。

獨臥林泉，曠然自適，無利無營，少思寡慾，修身出世法也。

茅屋三間，木榻一枕，燒高香，啜苦茗，讀數行書，懶倦便高臥松梧之下，或科頭行吟。日常以苦茗代肉食，以松石代珍奇，以琴書代益友，以著述代功業，此亦樂事。

挾懷樸素，不樂權榮；棲遲僻陋，忽略利名；葆守恬淡，希時安寧；晏然閒居，時撫瑤琴。

人生自古七十少，前除幼年後除老。中間光景不多時，又有陰晴與煩惱。到了中秋月倍明，到了清明花更好。花前月下得高歌，急須漫把金樽

倒。世上財多賺不盡，朝裏官多做不了。官大錢多身轉勞，落得自家頭白早。請君細看眼前人，年年一分埋青草。草裏多多少少墳，一年一半無人掃。

饑乃加餐，菜食美於珍味；倦然後睡，草蓐勝似重裀。

流水相忘遊魚，遊魚相忘流水，即此便是天機；太空不礙浮雲，浮雲不礙太空，何處別有佛性？

丹山碧水之鄉，月澗雲龕之品，滌煩消渴，功誠不在芝木下。

頗懷古人之風，愧無素屏之賜，則青山白雲，何在非我枕屏。

江山風月，本無常主，閒者便是主人。

入室許清風，對飲惟明月。

被衲持缽，作髮僧行徑，以雞鳴當檀越，以枯管當節杖，以餇顆當祇園，以巖雲野鶴當伴侶，以背錦奚奴當行腳頭陀，往探六六奇峰，三三曲水。

山房置一鐘，每於清晨良宵之下，用以節歌，令人朝夕清心，動念和平。李禿謂：「有雜想，一擊遂忘；有愁思，一撞遂掃。」知音哉！

潭澗之間，清流注瀉，千巖競秀，萬壑爭流，卻自胸無宿物，漱清流，令人濯濯清虛，日來非惟使人情開滌，可謂一往有深情。

林泉之澠，風飄萬點，清露晨流，新桐初引，蕭然無事，閒掃落花，足散人懷。

清朗，不無微雲點綴。看雲飛軒軒霞舉，不沒清機也。

山房之磬，雖非綠玉，沉明輕盈之韻，盡可節清歌洗俗耳。山居之樂，頗愜冷趣，憫落葉為紅爐，況魚...於巖戶。土鼓催...，荻花暖地，雖酒漿以蕭索，見素...之凌蔵，...不...，舞雪如醉，野因曠而冷...，山以靜而不嘩。枯魚在懸，...酒已注，朋代以從，寒盟可固，不驚歲暮於天涯，即是挾續於孤嶼。

步障錦下層，氍毹紫萬變，何以編某成褌，聚茸為褥。綠陰流影清人神，骨氣氤氳徹人骨，坐衣天地一時寬，閒...流曉清福。

送...而...淚滿腮，悲秋而紅葉慘日，

翠羽欲流，碧雲為颭。

136

郊中野坐，固可班荊；徑裏閒談，最宜拂石。侵雲煙而獨冷，移開清嘯胡床，藉草木以成幽，撤去莊嚴蓮界。況乃枕琴夜奏，逸韻更揚；置局午敲，清聲甚遠；洵幽棲之勝事，野客之虛位也。

飲酒不可認真，認真則大醉，大醉則神魂昏亂。在書為沉湎，在詩為童殺，在禮為豢豕，在史為狂藥。何如但取半酣，與風月為侶。

家駕鴛鴦湖濱，饒兼葭鳧鷖。水月淡蕩之觀。客嘯漁歌，風帆煙艇，虛無出沒，半落几上，呼野衲而泛斜陽，無過此矣！

雨後捲簾看霽色，卻疑苔影上花來。

月夜焚香，古桐三弄，便覺萬慮都忘，妄想盡絕。試看香是何味，煙是何色，穿窗之白是何影，指下之餘是何音，恬然樂之而悠然忘之者，是何趣，不可思量處，是何境？

貝葉之歌無礙，蓮花之心不染。

河邊共指星為客，花裏空瞻月是卿。

人之交友，不出趣味兩字，有以趣勝者，有以味勝者。然寧饒於味，而無饒於趣。

守恬淡以養道，處卑下以養德，去嗔怒以養性，薄滋味以養氣。

吾本薄福人，宜行惜福事；吾本薄德人，宜行厚德事。

知天地皆逆旅，不必更求順境；視眾生皆眷屬，所以轉成冤家。

只宜於著意處寫意，不可向真景處點景。

138

只愁名字有人知，澗邊幽草；若問清盟誰可托，沙上閒鷗。山童率草

木之性，與鶴同眠；奚奴領歌詠之情，檢韻而至。閉戶讀書，絕勝入山修

道；逢人說法，全輸兀坐捫心。

文，不犯九重之禁。

硯田登大有，雖千倉珠粟，不輸兩稅之徵，文錦運機杼，縱萬軸龍

步明月於天衢，覽錦雲於江閣。

幽人清課，詎但啜茗焚香；雅士高盟，不在題詩揮翰。

以養花之情自養，則風情日閒；以調鶴之性自調，則真性自美。

熱湯如沸，茶不勝酒；幽韻如雲，酒不勝茶。茶類隱，酒類俠。酒固

139

卷五　素

道廣，茶亦德素。

老去自覺萬緣都盡，那管人是人非；春來倘有一事關心，只在花開花謝。

是非場裏，出入逍遙；順逆境中，縱橫自在。竹密何妨水過，山高不礙雲飛。

口中不設雌黃，眉端不掛煩惱，可稱煙火神仙；隨意而栽花柳，適性以養禽魚，此是山林經濟。

午睡醒來，頹然自廢，身世庶幾渾忘；晚炊既收，寂然無營，煙火聽其更舉。

花開花落春不管，拂意事休對人言；水暖水寒魚自知，會心處還期

獨賞。

心地上無風濤，隨在皆青山綠水；性天中有化育，觸處見魚躍鳶飛。

寵辱不驚，閒看庭前花開花落；去留無意，漫隨天外雲捲雲舒。斗室中萬慮都捐，說甚畫棟飛雲，珠簾捲雨；三杯後一真自得，誰知素弦橫月，短笛吟風。

得趣不在多，盆池拳石間，煙霞具足；會景不在遠，蓬窗竹屋下，風月自賒。

會得箇中趣，五湖之煙月盡入寸衷；破得眼前機，千古之英雄都歸掌握。

細雨閒開卷，微風獨弄琴。

141

水流任意景常靜，花落雖頻心自閒。

殘醺供白醉，傲他附熱之蛾；一枕餘黑甜，輸卻分香之蝶。閒為水竹雲山主，靜得風花雪月權。

半幅花箋，入手剪裁，就臘雪春冰；一條竹杖，隨身收拾，盡燕雲楚水。

心與竹俱空，問是非何處安覺；貌偕松共瘦，知憂喜無由上眉。

芳菲林圃看蜂忙，覰破幾多塵情世態；寂寞衡茆觀燕寢，發起一種冷趣幽思。

何地非真境？何物非真機？芳園半畝，便是舊金谷；流水一灣，便是

小桃源。林中野鳥數聲，便是一部清鼓吹；溪上閒雲幾片，便是一幅真畫圖。

人在病中，百念灰冷，雖有富貴，欲享不可，反羨貧賤而健者。是故人能於無事時常作病想。一切名利之心，自然掃去。

竹影入簾，蕉陰蔭檻，故蒲團一臥，不知身在冰壺鮫室。

萬壑松濤，喬柯飛穎；風來鼓颼颼有，秋江八月聲迢遞。幽巖之下，披襟當之，不知是羲皇上人。

霜降木落時，入疏林深處，坐樹根上，飄飄葉點衣袖，而野鳥從梢飛來窺人。荒涼之地，殊有清曠之致。

明窗之下，羅列圖史琴尊以自娛。有興則泛小舟，吟嘯覽古於江山之

間。渚茶野釀，足以消憂；蓴鱸稻蟹，足以適口。又多高僧隱士，佛廟絕勝。家有園林，珍花奇石，曲沼高臺，魚鳥流連，不覺日暮。

山中蒔花種草，足以自娛，而地僻人荒，泉石都無，絲竹絕響，奇士雅客，亦不復過，未免寂寥度日。然泉石以水竹代，絲竹以鶯舌蛙吹代，奇士雅客以蠹簡代，亦略相當。

閒中覓伴書為上，身外無求睡最安。

栽花種竹，未必果出閒人；對酒當歌，難道便稱俠士？

虛堂留燭，抄書尚存老眼；有客到門，揮塵但說青山。

千人亦見，百人亦見，斯為拔萃出類之英雄；三日不舉火，十年不製衣，殆是樂道安貧之賢士。

帝子之望巫陽，遠山過雨；王孫之別南浦，芳草連天。

室距桃源，晨夕恆滋蘭茝；門開杜徑，往來惟有羊裘。

枕長林而披史，松子為餐；入豐草以投閒，蒲根可服。

一泓溪水柳分開，盡道清虛攪破；三月林光花帶去，莫言香分消殘。

荊扉晝掩，閒庭宴然，行雲流水襟懷；隱不違親，貞不絕俗，太山喬嶽氣象。

窗前獨榻頻移，為親夜月；壁上一琴常掛，時拂天風。

蕭齋香爐書史，酒器俱捐；北窗石枕松風，茶鐺將沸。

明月可人，清風披坐，班荆問水，天涯韻士高人；下箸佐觴，品外潤毛溪蕨，主之榮也。高軒寒戶，肥馬嘶門，命酒呼茶，聲勢驚神震鬼；疊筵累几，珍奇罄地窮天，客之辱也。

賀函伯坐徑山竹裏，鬚眉皆碧；王長公龕杜鵑樓下，雲母都紅。

坐茂樹以終日，濯清流以自潔。採於山，美可茹；釣於水，鮮可食。

年年落第，春風徒泣於遷鶯；處處羈遊，夜雨空悲於斷雁。金壺霏潤，瑤管春容。

菜甲初長，過於酥酪。寒雨之夕，呼童摘取，佐酒夜談，嗅其清馥之氣，可滌胸中柴荆，何必純灰三斛！

暖風春座酒，細雨夜窗棋。

秋冬之交，夜靜獨坐，每聞風雨瀟瀟，既淒然可愁，亦復悠然可喜。

至酒醒燈昏之際，尤難為懷。

長亭煙柳，白髮猶勞奔走，可憐名利客；野店溪雲，紅塵不到逍遙，時有牧樵人。天之賦命實同，人之自取則異。

富貴大是能俗人之物，使吾輩當之，自可不俗；然有此不俗胸襟，自可不富貴矣。

風起思蒓，張季鷹之胸懷落落；春回到柳，陶淵明之興致翩翩。然此二人，薄宦投簪，吾猶嗟其太晚。

黃花紅樹，春不如秋；白雪青松，冬亦勝夏。春夏園林，秋冬山谷，

一心無累，四季良辰。

聽牧唱樵歌，洗盡五年塵土腸胃；奏繁弦急管，何如一派山水清音。

孑然一身，蕭然四壁，有識者當此，雖未免以冷淡成愁，斷不以寂寞生悔。

從五更枕席上參看心體，心未動，情未萌，才見本來面日；向三時飲食中諳練世味，濃不欣，淡不厭，方為切實功夫。

瓦枕石榻，得趣處下界有仙；木食草衣，隨緣時西方無佛。

當樂境而不能享者，畢竟是薄福之人；當苦境而反覺甘者，方才是真修之士。

半輪新月數竿竹，千卷藏書一盞茶。

偶向水村江郭，放不繫之舟，還從沙岸草橋，吹無孔之笛。

物情以常無事為歡顏，世態以善託故為巧術。

善救時，若和風之消酷暑，能脫俗，似淡月之映輕雲。

廉所以懲貪，我果不貪，何必標一廉名，以來貪夫之側目；讓所以息爭，我果不爭，又何必立一讓名，以致暴客之彎弓？

曲高每生寡和之嫌，歌唱需求同調；眉修多取入宮之妒，梳洗切莫傾城。

隨緣便是遣緣，似舞蝶與飛花共適；順事自然無事，若滿月偕盆水同圓。

耳根似飆谷投響，過而不留，則是非俱謝；心境如月池浸色，空而不著，則物我兩忘。

心事無不可對人語，則夢寐俱清；行事無不可使人見，則飲食俱健。

卷六　景

結廬松竹之間，閒雲封戶；徙倚青林之下，花瓣沾衣。芳草盈階，茶煙幾縷；春光滿眼，黃鳥一聲。此時可以詩，可以畫，而正恐詩不盡言，畫不盡意。而高人韻士，能以片言數語盡之者，則謂之詩可，謂之畫可，謂高人韻士之詩畫亦無不可。集景第六。

花關曲折，雲來不認灣頭；草徑幽深，落葉但敲門扇。

細草微風，兩岸晚山迎短棹；垂楊殘月，一江春水送行舟。

草色伴河橋，錦纜曉牽三竺雨；花陰連野寺，布帆晴掛六橋煙。

閒步畎畝間，垂柳飄風，新秧翻浪；耕夫荷農器，長歌相應；牧童稚子，倒騎牛背，短笛無腔，吹之不休，大有野趣。

夜闌人靜，攜一童立於清溪之畔，孤鶴忽唳，魚躍有聲，清入肌骨。

垂柳小橋，紙窗竹屋，焚香燕坐，手握道書一卷。客來則尋常茶具，本色清言，日暮乃歸，不知馬蹄為何物。

152

門內有徑，徑欲曲；徑轉有屏，屏進有階，階欲平；階畔有花，花欲鮮；花外有牆，牆欲低；牆內有松，松欲古：松底有石，石欲怪；石面有亭，亭欲樸；亭後有竹，竹欲疏；竹盡有室，室欲幽；室旁有路，路欲分；路合有橋，橋欲危；橋邊有樹，樹欲高；樹陰有草，草欲青；草上有渠，渠欲細；渠引有泉，泉欲瀑；泉去有山，山下有屋，屋欲方；屋角有圃，圃欲寬；圃中有鶴，鶴欲舞；鶴報有客，客不俗；客至有酒，酒欲不卻；酒行有醉，醉欲不歸。

清晨林鳥爭鳴，喚醒一枕春夢。獨黃鸝百舌，抑揚高下，最可人意。

高峰入雲，清流見底。兩岸石壁，五色交輝，青林翠竹，四時俱備，曉霧將歇，猿鳥亂鳴；日夕欲頹，池鱗競躍，實欲界之仙都。自唐樂以來，未有能與其奇者。

曲徑煙深，路接杏花酒舍；澄江日落，門通楊柳漁家。

長松怪石，去墟落不下一二十里。鳥徑緣崖，涉水於草莽間。數四左右，兩三家相望，雞犬之聲相聞。竹籬草舍，燕處其間，蘭菊藝之，霜月春風，日有餘思。臨水時種桃梅，兒童婢僕皆布衣短褐，以給薪水，釀村酒而飲之。案有詩書、莊周、太玄、楚辭、黃庭、陰符、楞嚴、圓覺，數十卷而已。杖藜躡屐，往來窮谷大川，聽流水，看激湍，鑒澄潭，步危橋，坐茂樹，探幽壑，升高峰，不亦樂乎！

天氣晴朗，步出南郊野寺，沽酒飲之。半醉半醒，攜僧上雨花臺，看長江一線，風帆搖曳，鐘山紫氣，掩映黃屋，景趣滿前，應接不暇。

淨掃一室，用博山爐，爇沉水香，香煙縷縷，直透心竅，最令人精神凝聚。

每登高邱，步邃谷，延留燕坐，見懸崖瀑流，壽木垂蘿，閟邃岑寂之處，終日忘返。

每遇勝日有好懷，袖手哦古人詩足矣。青山秀水，到眼即可舒嘯，何必居籬落下，然後為己物？

柴門不扃，筠簾半捲，樑間紫燕，呢呢喃喃，飛出飛入。山人以嘯詠佐之，皆各適其性。風晨月夕，客去後，蒲團可以雙跏；煙島雲林，興來時，竹杖何妨獨往。

三徑竹間，日華淡淡，固野客之良辰；一編窗下，風雨瀟瀟，亦幽人之好景。

喬松十數株，修竹千餘竿；青蘿為墻垣，白石為鳥道；流水周於舍下，飛泉落於簷間；綠柳白蓮，羅生池砌：時居其中，無不快心。

人冷因花寂，湖虛受雨喧。

有屋數間，有田數畝。用盆為池，以甕為牖，墻高於肩，室大於斗。布被暖餘，藜藿飽後。氣吐胸中，充塞宇宙，筆落人間，輝映瓊玖。人能知止，以退為茂。我自不出，何退之有？心無妄想，足無妄走，人無妄交，物無妄受。炎炎論之，甘處其陋。綽綽言之，無出其右。羲軒之書，未嘗去手，堯舜之談，未嘗離口。譚中和天，同樂易友，吟自在詩，飲歡喜酒。百年昇平，不為不偶，七十康彊，不為不壽。

中庭蕙草銷雪，小苑梨花夢雲。

以江湖相期，煙霞相許；付同心之雅會，托意氣之良遊。或閉戶讀書，累月不出；或登山玩水，竟日忘歸。斯賢達之素交，蓋千秋之一遇。

蔭映巖流之際，偃息琴書之側，寄心松竹，取樂魚鳥，則淡泊之願，於是畢矣。

庭前幽花時發，披覽既倦，每啜茗對之。香色撩人，吟思忽起，遂歌

一古詩，以適清興。

凡靜室，須前栽碧梧，後種翠竹，前簷放步，北用暗窗，春冬閉之，以避風雨，夏秋可開，以通涼爽。然碧梧之趣，春冬落葉，以舒負暄融和之樂，夏秋交蔭，以蔽炎爍蒸烈之氣，四時得宜，莫此為勝。

家有三畝園，花木鬱鬱。客來煮茗，談上都貴遊、人間可喜事，或茗寒酒冷，賓主相忘，其居與山谷相望，暇則步草徑相尋。

良辰美景，春暖秋涼。負杖躡履，逍遙自樂。臨池觀魚，披林聽鳥；酌酒一杯，彈琴一曲；求數刻之樂，庶幾居常以待終。築室數楹，編槿為籬，結茅為亭。以三畝蔭竹樹栽花果，二畝種蔬菜，四壁清曠，空諸所有，蓄山童灌園剃草，置二三胡床著亭下，挾書劍以伴孤寂，攜琴奕以遲良友，此亦可以娛老。

一徑陰開，勢隱蛇蟺之致，雲到成迷；半閣孤懸，影迴縹緲之觀，星

臨可摘。

幾分春色，全憑狂花疏柳安排；一派秋容，總是紅蓼白蘋妝點。

南湖水落，妝臺之明月猶懸；西郭煙銷，繡榻之彩雲不散。

秋竹沙中淡，寒山寺裏深。

野曠天低樹，江清月近人。

潭水寒生月，松風夜帶秋。

春山艷冶如笑，夏山蒼翠如滴，秋山明淨如妝，冬山慘淡如睡。

眇眇乎春山，淡冶而欲笑，翔翔乎空絲，綽約而自飛。

盛暑持蒲，榻鋪竹下，臥讀《騷》經，樹影篩風，濃陰蔽日，叢竹蟬聲，遠遠相續，蓬然入夢，醒來命取梳櫛髮，汲石澗流泉，烹雲芽一啜，覺兩腋生風。徐步草玄亭，芝荷出水，風送清香，魚戲冷泉，凌波跳擲。因涉東皋之上，四望溪山罨畫，平野蒼翠。激氣發於林瀑，好風送之水涯，手揮麈尾，清興洒然。不待法雨涼雪，使人火宅之念都冷。

山曲小房，入園窈窕幽徑，綠玉萬竿。中匯澗水為曲池，環池竹樹雲石，其後平岡透迤，古松鱗鬣，松下皆灌叢雜木，蔦蘿駢織，亭榭翼然。夜半鶴唳清遠，恍如宿花塢；間聞哀猿啼嘯，嘹嚦驚霜，初不辨其為城市為山林也。

一抹萬家，煙橫樹色，翠樹欲流，淺深間布，心目競觀，神情爽滌。

萬里澄空，千峰開霽，山色如黛，風氣如秋，濃陰如幕，煙光如縷，

159

笛響如鶴唳，經唄如咿唔，溫言如春絮，冷語如寒冰，此景不應虛擲。

山房置古琴一張，質雖非紫瓊綠玉，響不在焦尾號鐘，置之石床，快作數弄。深山無人，水流花開，清絕冷絕。

密竹軼雲，長林蔽日，淺翠嬌青，籠煙惹濕，構數椽其間，竹樹為籬，不復葺垣。中有一泓流水，清可漱齒，曲可流觴，放歌其間，離披蒨鬱，神滌意閒。

抱影寒窗，霜夜不寐，徘徊松竹下。四山月白露墜，冰柯相與，詠李白〈靜夜思〉，便覺冷然寒風。就寢復坐蒲團，從松端看月，煮茗佐談，竟此夜樂。

雲晴靉靆，石楚流滋，狂飆忽捲，珠雨淋漓。黃昏孤燈明滅，山房清曠，意自悠然。夜半松濤驚颼，蕉園鳴瑯，窾坎之聲，疏密間發，愁樂交集，足寫幽懷。

160

四林皆雪，登眺時見絮起風中，千峰堆玉，鴉翻城角，萬壑鋪銀。無
樹飄花，片片繪子瞻之壁；不妝散粉，點點糁原憲之羹。飛霰入林，迴風
折竹，徘徊凝覽，以發奇思。畫冒雪出雲之勢，呼松醪茗飲之景。擁爐煨
芋，欣然一飽，隨作雪景一幅，以寄僧賞。

孤帆落照中，見青山映帶，征鴻迴渚，爭棲競啄，宿水鳴雲，聲淒
夜月，秋飆蕭瑟，聽之黯然，遂使一夜西風，寒生露白。萬山深處，一泓
澗水，四周削壁，石磴嶄巖，叢木翁鬱，老猿穴其中，古松屈曲，高拂雲
顛，鶴來時棲其頂。每晴初霜旦，林寒澗蕭，高猿長嘯，屬引淒異，風聲
鶴唳，嘹嚦驚霜，聞之令人淒絕。

春雨初霽，園林如洗，開扉閒望，見綠疇麥浪層層，與湖頭煙水相映
帶，一派蒼翠之色，或從樹杪流來，或自溪邊吐出。支筇散步，覺數十年
塵土肺腸，俱為洗淨。

四月有新筍、新茶、新寒豆、新含桃，綠陰一片，黃鳥數聲，乍晴乍雨，不暖不寒，坐間非雅非俗，半醉半醒，爾時如從鶴背飛下耳。

名從刻竹，源分渭畝之雲；倦以據梧，清夢鬱林之石。

夕陽林際，蕉葉墮地而鹿眠；點雪爐頭，茶煙飄而鶴避。

高堂客散，虛戶風來，門設不關，簾鉤欲下。橫軒有狻猊之鼎，隱几皆龍馬之文，流覽雲端，寓觀濠上。

山經秋而轉淡，秋入山而倍清。

山居有四法：樹無行次，石無位置，屋無宏肆，心無機事。

花有喜、怒、寤、寐、曉、夕，浴花者得其候，乃為膏雨。淡雲薄日，夕陽佳月，花之曉也；狂號連雨，烈焰濃寒，花之夕也；檀唇烘日，媚體藏風，花之喜也；暈酣神斂，煙色迷離，花之愁也；欹枝困檻，如不勝風，花之夢也；嫣然流盼，光華溢目，花之醒也。

海山微茫而隱見，江山嚴厲而峭卓，溪山窈窕而幽深，塞山童頹而堆阜，桂林之山綿衍龐傅，江南之山峻峭巧麗。山之形色，不同如此。

杜門避影出山，一事不到，夢寐間春晝花陰，猿鶴飽臥，亦五雲之餘蔭。

白雲徘徊，終日不去。巖泉一支，潺湲齋中。春之晝，秋之夕，既清且幽，大得隱者之樂，惟恐一日移去。

與衲子輩坐林石上，談因果，說公案。久之，松際月來，振衣而起，踏樹影而歸，此日便是虛度。

結廬人徑，植杖山阿，林壑地之所豐，煙霞性之所適，蔭丹桂，藉白茅，濁酒一杯，清琴數弄，誠足樂也。

輞水淪漣，與月上下；寒山遠火，明滅林外，深巷小犬，吠聲如豹。村墟夜舂，復與疏鐘相間，此時獨坐，童僕靜默。

東風開柳眼，黃鳥罵桃奴。

晴雪長松，開窗獨坐，恍如身在冰壺；斜陽芳草，攜杖閒吟，信是人行圖畫。

小窗下修篁蕭瑟，野鳥悲啼；峭壁間醉墨淋漓，山靈呵護。霜林之紅樹，秋水之白蘋。

雲收便悠然共遊，雨滴便冷然俱清；鳥啼便欣然有會，花落便灑然有得。

千竿修竹，周遭半畝方塘；一片白雲，遮蔽五株垂柳。山館秋深，野鶴唳殘清夜月；江園春暮，杜鵑啼斷落花風。

青山非僧不致，綠水無舟更幽；朱門有客方尊，緇衣絕糧益韻。

杏花疏雨，楊柳輕風，興到欣然獨往；村落煙橫，沙灘月印，歌殘倏爾言旋。

賞花酌酒，酒浮園菊方三盞，睡醒問月，月到庭梧第二枝。此時此興，亦復不淺。

幾點飛鴉，歸來綠樹；一行征雁，界破青天。

看山雨後，霽色一新，便覺青山倍秀；玩月江中，波光千頃，頓令明月增輝。

樓臺落日，山川出雲。

玉樹之長廊半陰，金陵之倒景猶赤。

小窗偃臥，月影到床，或逗留於梧桐，或搖亂於楊柳；翠華撲被，神骨俱仙。及從竹裏流來，如自蒼雲吐出。

清送素蛾之環佩，逸移幽土之羽裳。想思足慰於故人，清嘯自紓於良夜。

繪雪者，不能繪其清；繪月者，不能繪其明；繪花者，不能繪其香；

繪風者，不能繪其聲；繪人者，不能繪其情。

讀書宜樓，其快有五：無剝啄之驚，一快也；可遠眺，二快也；無濕氣浸床，三快也；木末竹顛，與鳥交語，四快也；雲霞宿高，五快也。

山徑幽深，十里長松引路，不倩金張；俗態糾纏，一編殘卷療人，何須盧扁。

喜方外之浩蕩，嘆人間之窘束。逢閬苑之逸客，值蓬萊之故人。

忽據梧而策杖，亦披裘而負薪。

出芝田而計畝，入桃源而問津。菊花兩岸，松聲一邱。葉動猿來，花驚鳥去。閱邱壑之新趣，縱江湖之舊心。

167

籬邊杖履送僧，花鬚列於巾角；石上壺觴坐客，松子落我衣裾。

遠山宜秋，近山宜春，高山宜雪，平山宜月。

珠簾蔽月，翻窺窈窕之花；綺幔藏雲，恐礙扶疏之柳。

松子為餐，蒲根可服。

煙霞潤色，荃荑結芳。出澗幽而泉列，入山戶而松涼。

旭日始暖，蕙草可織；園桃紅點，流水碧色。

玩飛花之度窗，看春風之入柳，忽翔飛而暫隱，時凌空而更颭。

竹依窗而弄影，蘭因風而送香。風暫下而將飄，煙才高而不瞑。

悠揚綠柳，訝合浦之同歸；燎繞青霄，環五星之一氣。

褥繡起於緹紈，煙霞生於灌莽。

169

生活智慧語錄——醉古堂劍掃

卷七　韻

人生斯世，不能讀盡天下秘書靈笈。有目而昧，有口而啞，有耳而聾，而面上三斗俗塵，何時掃去？則韻之一字，其世人對癥之藥乎？雖然，今世且有焚香啜茗，清涼在口，塵俗在心，儼然自附於韻，亦何異三家村老嫗，動口念阿彌，便云升天成佛也。集韻第七。

媒」。

陳愷家蓄數姬，每日晚藏花一枝，使諸姬射覆，中者留宿，時號「花媒」。

雪後尋梅，霜前訪菊；雨際護蘭，風外聽竹。

清齋幽閉，時時暮雨打梨花：冷句忽來，字字秋風吹木葉。

多方分別，是非之竇易開；一味圓融，人我之見不立。

春雲宜山，夏雲宜樹，秋雲宜水，冬雲宜野。

清疏暢快，月色最稱風光；瀟灑風流，花情何如柳態。

春夜小窗兀坐，月上木蘭有骨，凌冰懷人如玉。因想「雪滿山中高士臥，月明林下美人來」，語此際光景頗似。

文房供具，藉以快目適玩，鋪疊如市，頗損雅趣，其點綴之法，羅羅清疏，方能得致。

香令人幽，酒令人遠，茶令人爽，琴令人寂，棋令人閒，劍令人俠，杖令人輕，塵令人雅，月令人清，竹令人冷，花令人韻，石令人雋，雪令人曠，僧令人淡，蒲團令人野，美人令人憐，山水令人奇，書史令人博，金石鼎彝令人古。

吾齋之中，不尚虛禮，凡入此齋，均為知己。隨分款留，忘形笑語，不言是非，不侈榮利，閒談古今，靜玩山水，清茶好酒，以適幽趣，臭味之交，如斯而已。

窗宜竹雨聲，亭宜松風聲，几宜洗硯聲，榻宜翻書聲，月宜琴聲，雪宜茶聲，春宜箏聲，秋宜笛聲，夜宜砧聲。

雞壇可以益學，鶴陣可以善兵。

翻經如壁觀僧，飲酒如醉道士，橫琴如黃葛野人，肅客如碧桃漁父。

竹徑款扉，柳陰班席。每當雄才之處，明月停輝，浮雲駐影。退而與諸俊髦西湖靚媚，賴此英雄，一洗粉澤。

雲林性嗜茶，在惠山中，用核桃、松子肉和白糖，成小塊，如石子，置茶中，出以啖客，名曰清泉白石。

有花皆刺眼，無月便攢眉，當場得無妒我；花歸三寸管，月代五更燈，此事何可語人？

求校書於女史，論慷慨於青樓。

填不滿貪海，攻不破疑城。

機息便有月到，風來不必苦海。人世心遠，自無車塵馬跡，何須痼疾丘山？

郊中野坐，固可班荊；徑裏閒談，最宜拂石。

侵雲煙而獨冷，移開清笑胡床，借竹木以成幽，撤去莊嚴蓮坐。

幽心人似梅花，韻心士同楊柳。

情因年少，酒因境多。

看書築得村樓，空山曲抱，趺坐掃來花徑，亂水斜穿。

175

倦時呼鶴舞，醉後倩僧扶。

筆床茶灶不巾櫛；閉戶潛夫，寶軸牙籤。少鬚眉下惟董子，鳥銜幽夢遠，只在數尺窗紗，蛩遞秋聲悄，無言一龕燈火。借草班荆，安穩林泉之窈；披裘拾穗，逍遙草澤之臞。

萬綠陰中，小亭避暑，八闥洞開，幾簟皆綠。

雨過蟬聲來，花氣令人醉。

剸犀截雁之舌鋒，逐日追風之腳力。

瘦影疏而漏月，香陰氣而墮風。

修竹到門雲裏寺，流泉入袖水中人。

詩題半作逃禪偈，酒價都為買藥錢。

掃石月盈帚，濾泉花滿篩。

流水有方能出世，名山如藥可輕身。

同聲，與燕同語，與鶴同唳，與鸚鵡同言，如此話中知己。

與梅同瘦，與竹同清，與柳同眠，與桃李同笑，居然花裏神仙；與鶯

栽花種竹，全憑詩格取裁；聽鳥觀魚，要在酒情打點。

登山遇厲瘴，放艇遇腥風，抹竹遇繆絲，修花遇醒霧，歡場遇害馬，

吟席遇傖夫，若斯不遇，甚於泥塗。偶集逢好花，踏歌逢明月，席地逢軟

草，攀磴逢疏藤，展卷逢靜雲，戰茗逢新雨，如此相逢，逾於知己。

草色遍溪橋，醉得蜻蜓春翅軟；花風通驛路，迷來蝴蝶曉魂香。

田舍兒強作馨語，博得俗因；風月場插入傖父，便成惡趣。

詩瘦到門鄰，病鶴清影頗嘉；書貧經座並，寒蟬雄風頓挫。

梅花入夜影蕭疏，頓令月瘦，柳絮當空晴恍忽，偏惹風狂。

花陰流影，散為半院舞衣；水響飛音，聽來一溪歌板。

萍花香裏風清，幾度漁歌；楊柳影中月冷，數聲牛笛。

謝將縹緲無歸處，斷浦沈雲；行到紛紜不繫時，空山掛雨。

渾如花醉，潦倒何妨，絕勝柳狂，風流自賞。

春光濃似酒，花故醉人；夜色澄如水，月來洗俗。

雨打梨花深閉門，怎生消遣；分忖梅花自主張，著甚牢騷？

對酒當歌，四座好風隨月到；脫巾露頂，一樓新雨帶雲來。

浣花溪內，洗十年遊子衣塵；修木林中，定四海良朋交籍。

人語亦語，詆其昧於鉗口；人默亦默，訾其短於雌黃。

179

艷陽天氣，是花皆堪釀酒，綠陰深處，凡葉盡可題詩。

曲沼荇香侵月，未許魚窺；幽關松冷巢雲，不勞鶴伴。

篇詩斗酒，何殊太白之丹丘，扣舷吹簫，好繼東坡之赤壁。

獲佳文易，獲文友難；獲文友易，獲文姬難。

茶中著料，碗中著果，譬如玉貌加脂，蛾眉著黛，翻累本色。煎茶非漫浪，要須人品與茶相得，故其法往往傳於高流隱逸，有煙霞泉石磊落胸次者。

樓前桐葉，散為一院清陰，枕上鳥聲，喚起半窗紅日。

天然文錦，浪吹花港之魚；自在笙簧，風戛園林之竹。

高士流連，花木添清疏之致；幽人剝啄，莓苔生淡冶之光。

松澗邊攜杖獨往，立處雲生破衲；竹窗下枕書高臥，覺時月浸寒氈。

散履閒行，野鳥忘機時作伴；披襟兀坐，白雲無語漫相留。

客到茶煙起竹下，何嫌展破蒼苔；詩成筆影弄花間，且喜歌飛《白雪》。

月有意而入窗，雲無心而出岫。

屏絕外慕，偃息長林，置理亂於不聞，托清閒而自佚。松軒竹塢，酒甕茶鐺，山月溪雲，農蓑漁笠。

怪石為實友，名琴為和友，好書為益友，奇畫為觀友，法帖為範友，良硯為礦友，寶鏡為明友，淨几為方友，古磁為虛友，舊爐為薰友，紙帳為素友，拂塵為靜友。

吾几榻耳。

掃徑迎清風，登臺邀明月。琴觴之餘，間以歌詠，止許鳥語花香，來

風波塵俗，不到意中，雲水淡情，常來想外。

紙帳梅花，休驚他三春清夢，筆床茶竈，可了我半日浮生。

酒澆清苦月，詩慰寂寥花。

好夢乍回，沉心未燼，風雨如晦，竹響入床，此時興復不淺。

山非高峻不佳，不遠城市不佳，不近林木不佳，無流泉不佳，無寺觀不佳，無雲霧不佳，無樵牧不佳。

攬衣獨坐，如遊皇古意思。

一室十圭，寒蛩聲暗，折腳鐺邊，敲石無火，水月在軒，燈魂未滅，意思虛閒，世界清淨，我身我心，了不可取，此一境界，名最第一。

花枝送客蛙催鼓，竹籟喧林鳥報更，謂山史實錄。

遇月夜，露坐中庭，心蒸香一炷，可號伴月香。

襟韻灑落如晴雪，秋月塵埃不可犯。

峰巒窈窕，一拳便是名山，花竹扶疏，半畝如同金谷。

183

觀山水亦如讀書，隨其見趣高下。

名利場中，羽客人人輸蔡澤一籌；煙花隊裏，仙流個個讓煥之獨步。

深山高居，爐香不可缺，取老松柏之根枝實葉，共搗治之，研風昉屑和之，每焚一丸，亦足助清苦。

白日羲皇世，青山綺皓心。

松聲，澗聲，山禽聲，夜蟲聲，鶴聲，琴聲，棋子落聲，雨滴階聲，雪灑窗聲，煎茶聲，皆聲之至清，而讀書聲為最。

曉起入山，新流沒岸；棋聲未盡，石磬依然。

松聲竹韻，不濃不淡。

184

何必絲與竹，山水有清音。

世路中人，或圖功名，或治生產，盡自正經。爭奈大地間好風月、好山水、好書籍，了不相涉，豈非枉卻一生！

李巖老好睡。眾人食罷下棋，巖老輒就枕，閱數局乃一展轉，云：

「我始一局，君幾局矣？」絕耳。

晚登秀江亭，澄波古木，使人得意於塵埃之外，蓋人閒景幽，兩相奇絕耳。

筆硯精良，人生一樂，徒設只覺村妝；琴瑟在御，莫不靜好，才陳便得天趣。

蔡中郎傳，情思透迤；北西廂記，興致流麗。學他描神寫景，必先細味沉吟，如日寄趣本頭，空博風流種子。

夜長無賴，徘徊蕉雨半窗，日永多閒，打疊桐陰一院。

雨穿寒砌，夜來滴破愁心；雪灑虛窗，曉去散開清影。

春夜宜苦吟，宜焚香讀書，宜與老僧說法，以銷艷思。夏夜宜閒談，宜臨水枯坐，宜聽松聲冷韻，以滌煩襟。秋夜宜豪遊，宜訪快士，宜談兵說劍，以除蕭瑟。冬夜宜茗戰，宜酌酒說《三國》、《水滸》、《金瓶梅》諸集，宜箸竹肉，以破孤岑。

玉之在璞，追琢則珪璋；水之發源，疏瀹則川沼。

山以虛而受，水以實而流，讀書當作如是觀。

古之君子，行無友，則友松竹；居無友，則友雲山。余無友，則友古之友松竹、友雲山者。

買舟載書，作無名釣徒。每當草蓑月冷，鐵笛風清，覺張志和、陸天隨去人未遠。

「今日鬢絲禪榻畔，茶煙輕颺落花風。」此趣惟白香山得之。

清姿如臥雲餐雪，天地盡愧其塵污；雅緻如蘊玉含珠，日月轉嫌其洩露。

焚香啜茗，自是吳中習氣，雨窗卻不可少。

茶取色臭俱佳，行家偏嫌味苦；香須沖淡為雅，幽人最忌煙濃。

朱明之候，綠陰滿林，科頭散髮，箕踞白眼，坐長松下，蕭騷流觴，正是宜人疏散之場。

讀書夜坐，鐘聲遠聞，梵響相和，從林端來，灑灑窗几上，化作天籟虛無矣。

夏日蟬聲太煩，則弄蕭隨其韻轉，秋冬夜聲寥颯，則操琴一曲咻之。

心清鑒底瀟湘月，骨冷禪中太華秋。

語鳥名花，供四時之吟嘯，清泉白石，成一世之幽懷。

掃石烹泉，舌底朝朝茶味，開窗染翰，眼前處處詩題。

188

權輕勢去，何妨張雀羅於門前；位高金多，自當效蛇行於郊外。蓋炎涼世態，本是常情，故人所浩嘆，惟宜付之冷笑耳。

溪畔輕風，沙汀印月，獨往閒行，嘗喜見漁家笑傲；松花釀酒，春水煎茶，甘心藏拙，不復問人世興衰。

手撫長松，仰視白雲，庭空鳥語，悠然自欣。

或夕陽籬落，或明月簾櫳，或雨夜聯榻，或竹下傳觴，或青山當戶，或白雲可庭，於斯時也，把臂促膝，相知幾人，謔語雄談，快心千古。

疏簾清簟銷白晝，惟有棋聲；幽徑柴門印蒼苔，只容屐齒。

落花慵掃，留襯蒼苔，村釀新芻，取燒紅葉。

189

幽徑蒼苔，杜門謝客，綠陰清晝，脫帽觀詩。

煙蘿掛月，靜聽猿啼，瀑布飛虹，閒觀鶴浴。

簾捲八窗，面面雲峰送碧，塘開半畝，瀟瀟煙水涵清。

雲衲高僧，泛水登山，或可藉以點綴；如必蓮座說法，則詩酒之間，自有禪趣，不敢學苦行頭陀，以作死灰。

遨遊仙子，寒雲幾片束行妝，高臥幽人，明月半床供枕簟。

落落者難合，一合便不可分，欣欣者易親，乍親忽然成怨。故君子之處世也，寧風霜自挾，無魚鳥親人。

海內慇勤，但讀停雲之賦，目中寥廓，徒歌明月之詩。

190

生平願無恙者四：一曰青山，一曰故人，一曰藏書，一曰名草。

聞暖語如挾纊，聞冷語如飲冰，聞重語如負山，聞危語如壓卵，聞溫語如佩玉，聞益語如贈金。

旦起理花，午窗剪茶，或截草作字，夜臥懺罪，令一日風流蕭散之過，不致墮落。

快欲之事，無如饑餐；適情之時，莫過甘寢。求多於清欲，即侈汰亦茫然也。

客來花外，茗煙低，共銷白晝。酒到樑間，歌雪繞，不負清尊。

雲隨羽客，在瓊臺雙闕之間；鶴唳芝田，正桐陰靈虛之上。

191

生活智慧語錄──醉古堂劍掃

卷八 奇

我輩寂處窗下,視一切人世,俱若蟻蟻嬰媿,不堪寓目。而有一奇文怪說,目數行下,便狂呼叫絕,令人喜,令人怒,更令人悲,低徊數過,床頭短劍亦鳴鳴作龍虎吟,便覺人世一切不平,俱付煙水。集奇第八。

呂聖公之不問朝士名，張師高之不發竊器奴，韓稚圭之不易持燭兵，不獨雅量過人，正是用世高手。

花看水影，竹看月影，美人看簾影。

佞佛若可懺罪，則刑官無權；尋仙若可延年，則上帝無主。達士盡其在我，至誠貴於自然。

以貨財害子孫，不必操戈入室；以學校殺後世，有如按劍伏兵。

君子不傲人以不如，不疑人以不肖。

讀諸葛武侯〈出師表〉而不墮淚者，其人必不忠；讀韓退之〈祭十二郎文〉而不墮淚者，其人必不友。

世味非不濃艷，可以淡然處之。獨天下之偉人與奇物，幸一見之，自不覺魄動心驚。

道上紅塵，江中白浪，饒他南面百城；花間明月，松下涼風，輸我北窗一枕。

立言亦何容易，必有包天包地、包千古、包來今之識；必有驚天驚地、驚千古、驚來今之才；必有破天破地、破千古、破來今之膽。

聖賢為骨，英雄為膽，日月為目，霹靂為舌。

瀑布天落，其噴也珠，其瀉也練，其響也琴。

平易近人，會見神仙濟度；瞞心昧己，便有邪祟出來。

佳人飛去還奔月，騷客狂來欲上天。

涯如沙聚，響若潮吞。

詩書乃聖賢之供案，妻妾乃屋漏之史官。

做個君子；奴顏婢膝，小人枉自做了小人。
強項者未必為窮之路，屈膝者未必為通之媒。故銅頭鐵面，君子落得

有仙骨者，月亦能飛；無真氣者，形終如槁。

一世窮根，種在一撚傲骨；千古笑端，伏於幾個殘牙。

石怪常疑虎，雲閒卻類僧。

大豪傑，捨己為人，小丈夫，因人利己。

一段世情，全憑冷眼覷破；幾番幽趣，半從熱腸換來。

識盡世間好人，讀盡世間好書，看盡世間好山水。

舌頭無骨，得言句之總持；眼裏有筋，具遊戲之三昧。

群居閉口，獨坐防心。

當場傀儡，還我為之；大地眾生，任渠笑罵。

三徙成名，笑范蠡碌碌浮生，縱扁舟忘卻五湖風月；一朝解綬，羨淵

197

明飄飄遺世，命巾車歸來滿室琴書。

人生不得行胸懷，雖壽百歲，猶天也。

棋能避世，睡能忘世。棋類耦耕之沮溺，去一不可；睡同御風之列子，獨往獨來。

以一石一樹與人者，非佳子弟。

一勺水，便具四海水味，世法不必盡嘗；千江月，總是一輪月光，心珠宜當獨朗。

面上掃開十層甲，眉目才無可憎；胸中滌去數斗塵，語言方覺有味。

愁非一種，春愁則天愁地愁；怨有千般，閨怨則人怨鬼怨。天懶雲

198

沉，雨昏花蕊，法界豈少愁雲；石癯山瘦，水枯木落，大地覺多窘況。

筍含禪味，喜坡仙玉版之參；石結清盟，受米顛袍笏之辱。文如臨畫，曾致誚於昔人；詩類書抄，竟沿流於今日。

細緜遞滿而改頭換面，茲律既湮；縹帙動盈而活剝生吞，斯風亦墜。

先讀經，後可讀史；非作文，未可作詩。

俗氣入骨，即吞刀刮腸，飲灰洗胃，覺俗態之益呈；正氣效靈，即刀鋸在前，鼎鑊具後，見英風之益露。

於琴得道機，於棋得兵機，於卦得神機，於蘭得仙機。

相禪遐思唐虞，戰爭大笑楚漢，夢中蕉鹿猶真，覺後葦鱸一幻。

世界極於大千，不知大千之外更有何物；天宮極於非想，不知非想之上畢竟何窮。

千載奇逢，無如好書良友；一生清福，只在茗碗爐煙。

作夢則天地亦不醒，何論文章；為客則洪蒙無主人，何有章句？

艷出浦之輕蓮，麗穿波之半月。

雲氣恍堆窗裏岫，絕勝看山；泉聲疑瀉竹間樽，賢於對酒。杖底唯雲，囊中唯月，不勞關市之譏；石笥藏書，池塘洗墨，豈供山澤之稅。

有此世界，必不可無此傳奇；有此傳奇，乃可維此世界，則傳奇所關非小，正可借《西廂》一卷，以為風流談資。

非窮愁不能著書，當孤憤不宜說劍。

湖山之佳，無如清曉春時。當乘月至館，景生殘夜，水映岑樓，而翠黛臨階，吹流衣袂，鶯聲鳥韻，催起闃然。披衣步林中，則曙光薄戶，明霞射几，輕風微散，海旭乍來。見沿堤春草霏霏，明媚如織，遠岫朗潤出林，長江浩渺無涯，嵐光晴氣，舒展不一，大是奇絕。

心無機事，案有好書，飽食晏眠，時清體健，此是上界真人。

讀《春秋》，在人事上見天理；讀《周易》，在天理上見人事。

則何益矣，茗戰有如酒兵；試妄言之，談空不若說鬼。

鏡花水月，若使慧眼看透；筆彩劍光，肯教壯志銷磨。

烈士須一劍，則芙蓉赤精，不惜千金購之。士人唯此寸管，映日干雲之氣，那得不重值相索。

委形無寄，但教鹿豕為群；壯志有懷，莫遣草木同朽。

哄日吐霞，吞河漱月，氣開地震，聲動天發。

議論先輩，畢竟沒學問之人；獎惜後生，定然關世道之寄。

貧富之交，可以情諒，鮑子所以讓金；貴賤之間，易以勢移，管寧所以割席。

論名節，則緩急之事小；較生死，則名節之論微。但知為餓夫以採南山之薇，不必為枯魚以需西江之水。

儒有一畝之宮，自不妨草茅下賤；士無三寸之舌，何用此土木形骸。

鵬為羽傑，鯤稱介豪，翼遮半天，背負重霄。

憐之一字，吾不樂受，蓋有才而徒受人憐，無用可知；傲之一字，吾不敢矜，蓋有才而徒以資傲，無用可知。

問近日講章孰佳，坐一塊蒲團自佳；問吾儕嚴師孰尊，對一枝紅燭自尊。

點破無稽不根之論，只須冷語半言；看透陰陽顛倒之行，惟此冷眼一隻。

古之釣也，以聖賢為竿，道德為綸，仁義為鉤，利祿為餌，四海為池，萬民為魚。釣道微矣，非聖人其孰能之。

既稍雲於清漢，亦倒影於華池。

浮雲迴度，開月影而彎環；驟雨橫飛，挾星精而搖動。

天臺礫起，繞之以赤霞；赤城孤峙，覆之以蓮花。

金河別雁，銅柱辭鳶，關山天骨，霜木雕年。

翻飛倒影，擢菡萏於湖中；舒艷騰輝，攢蟛螩於天畔。

照萬象於晴初，散寥天於日餘。

卷九

綺

朱樓綠幕，笑語勾別座之春，越舞吳歌，巧舌吐蓮花之艷。此身如在怨臉愁眉、紅妝翠袖之間，若遠若近，為之黯然。嗟乎！又何怪乎身當其際者，擁玉床之翠而心迷，聽伶人之奏而隕涕乎？集綺第九。

天臺花好，阮郎卻無計再來；巫峽雲深，宋玉只有情空賦。瞻碧雲之黯黯，覓神女其何蹤；睹明月之娟娟，問嫦娥而不應。

妝樓正對書樓，隔池有影；繡戶相通綺戶，望眼多情。

蓮開並蒂，影憐池上鴛鴦；縷結同心，日麗屏間孔雀。

堂上鳴琴，操久彈乎孤鳳；邑中製錦，紋重織於雙鸞。

鏡想分鸞，琴悲別鶴。

春透水波明，寒峭花枝瘦。極目煙中百尺樓，人在樓中否？

明月當樓，高眠如避，惜哉夜光暗投；芳樹交窗，把玩無主，嗟矣紅顏薄命。

鳥語聽其澀時，憐嬌情之未囀；蟬聲聽已斷處，愁孤節之漸消。

斷雨斷雲，驚魄三春蝶夢；花開花落，悲歌一夜鵑啼。

袝子飛觴歷亂，解脫於樽罍之間；釵行揮翰淋漓，風神在筆墨之外。

養紙芙蓉粉，薰衣豆蔻香。

流蘇帳底，披之而夜月窺人；玉鏡臺前，諷之而朝煙縈樹。風流誇隆髻，時世聞啼眉。

新疊桃花紅粉薄，隔樓芳草雪衣涼。

李後主宮人秋水，喜簪異花，芳拂髩鬢，嘗有粉蝶聚其間，撲之不去。

耀足清流，芹香飛澗；浣花新水，蝶粉迷波。

昔人有花中十友：桂為仙友，蓮為淨友，梅為清友，菊為逸友，海棠名友，茶蘼韻友，瑞香殊友，芝蘭芳友，臘梅奇友，梔子禪友。昔人有禽中五客：鷗為閒客，鶴為仙客，鷺為雪客，孔雀南客，鸚鵡隴客。會花鳥之情，真是天趣活潑。

風笙龍管，蜀錦齊紈。

木香盛開，把杯獨坐其下，遙令青奴吹笛，止留一小奚侍酒，才少斟酌便退，立迎春架後。花看半開，酒飲微醉。

夜來月下臥醒，花影零亂，滿人襟袖，疑如濯魄於冰壺。

看花步男子當作女人，尋花步女子當作男人。

窗前俊石冷然，可代高人把臂，檻外名花綽約，無煩美女分香。

新調初裁，歌兒持板待拍；闈題方啟，佳人捧硯濡毫。絕世風流，當場豪舉。

野花艷目，不必牡丹；村酒醉人，何須綠蟻。

石鼓池邊，小單無名可鬥；板橋柳外，飛花有陣堪題。

桃紅李白，疏籬細雨初來；燕紫鶯黃，老樹斜風乍透。

窗外梅開，喜有騷人弄笛；石邊雪積，還須小妓烹茶。

高樓對月，鄰女秋砧；古寺聞鐘，山僧曉梵。

佳人病怯，不耐春寒；豪客多情，猶憐夜飲。李太白之寶花宜障，孟光祖之狗寶堪呼。

古人養筆，以硫黃酒；養紙，以芙蓉粉；養硯，以文綾蓋；養墨，以豹皮囊。小齋何暇及此！惟有時書以養筆，時磨以養墨，時洗以養硯，時舒卷以養紙。

芭蕉，近日則易枯，迎風則易破。小院背陰，半掩竹窗，分外青翠。

歐公香餅，吾其熟火無煙；顏氏隱囊，我則鬥花以布。

梅額生香，已堪飲爵；草堂飛雪，更可題詩。七種之羹，呼起袁生之臥；六生之餅，敢迎王子之舟。豪飲竟日，賦詩而散。佳人半醉，美女新妝。月下彈琴，石邊侍酒。烹雪之茶，果然剩有寒香；爭春之館，自是堪來花嘆。

黃鳥讓其聲歌，青山學其眉黛。

淺翠嬌青，籠煙惹濕。清可漱齒，曲可流觴。

風開柳眼，露浥桃腮，黃鸝呼春，青鳥送雨，海棠嫩紫，芍藥嫣紅，宜其春也。碧荷鑄錢，綠柳纕絲，龍孫脫殼，鳩婦喚晴，雨驟黃梅，日蒸綠李，宜其夏也。槐陰未斷，雁信初來，秋英無言，曉露欲結，蓼收避席，青女辦妝，宜其秋也。桂子風高，蘆花月老，溪毛碧瘦，山骨蒼寒，千巖見梅，一雪欲臘，宜其冬也。

風翻貝葉，絕勝北闕除書；水滴蓮花，何似華清宮漏。

畫屋曲房，擁爐列坐；鞭車行酒，分隊徵歌；一笑千金，樗蒲百萬；名妓持箋，玉兒捧硯；淋漓揮灑，水月流虹；我醉欲眠，鼠奔鳥竄；羅襦輕解，鼻息如雷。此一境界，亦足賞心。

柳花燕子，貼地欲飛；畫扇練裙，避人欲進，此春遊第一風光也。

花顏縹緲，欺樹裏之春風；銀焰熒煌，卻城頭之曉色。

烏紗帽挾紅袖登山，前人自多風致。

筆陣生雲，詞鋒捲霧。

楚江巫峽半雲雨，清簟疏簾看弈棋。

美丰儀人，如三春新柳，濯濯風前。

潤險無平石，山深足細泉。短松猶百尺，少鶴已千年。

清文滿筐，非惟芍藥之花；新製連篇，寧止葡萄之樹。

輕冰，對蟾光而寫鏡。

梅花舒兩歲之裝，柏葉泛三光之酒。飄颻餘雪，入簫管以成歌；皎潔

鶴有累心猶被斥，梅無高韻也遭刪。

分果車中，畢竟借人家面孔；捉刀床側，終須露自己心胸。

雪滾飛花，繚繞歌樓，飄撲僧舍，點點共酒旆悠揚，陣陣追燕鶯飛

舞。沾泥逐水，豈特可入詩料，要知色身幻影，是即風裏楊花、浮生燕壘。

213

水綠霞紅處，仙犬忽驚人，吠入桃花去。

九重仙詔，休教丹鳳銜來；一片野心，已被白雲留住。

香吹梅渚千峰雪，清映冰壺百尺簾。

避客偶然拋竹履，邀僧時一上花船。

到來都是淚，過去即成塵。秋色生鴻雁，江聲冷白蘋。

鬥草春風，才子愁銷書帶翠；採菱秋水，佳人疑動鏡花香。

竹粉映瑯玕之碧，勝新妝流媚，曾無掩面於花宮；花珠凝翡翠之盤，

雖什襲非珍，可兔探頷於龍藏。

因花整帽，借柳維船。

繞夢落花消雨色，一尊芳草送晴昏。

爭春開宴，罷來花有嘆聲；水國談經，聽去魚多樂意。

無端淚下，三更山月老猿啼；驀地嬌來，一月泥香新燕語。

燕子剛來，春光惹恨；雁臣甫聚，秋思慘人。

韓嫣金彈，誤了饑寒人多少奔馳；潘岳果車，增了少年人多少顏色。

微風醒酒，好雨催詩，生韻生情，懷頗不惡。

藝羅村裏，對嬌歌艷舞之山；若耶溪邊，拂濃抹淡妝之水。

春歸何處，街頭愁殺賣花；客落他鄉，河畔生憎折柳。

論到高華，但說黃金能結客；看來薄命，非關紅袖懶撩人。

同氣之求，惟刺平原於錦繡；同聲之應，徒鑄子期以黃金。

胸中不平之氣，說倩山禽；世上叵測之心，藏之煙柳。

祛長夜之惡魔，女郎說劍；銷千秋之熱血，學士談禪。

216

論聲之韻者，曰溪聲、澗聲、竹聲、松聲、山禽聲、幽壑聲、芭蕉雨聲、落花聲，皆天地之清籟，詩壇之鼓吹也，然銷魂之聽，當以賣花聲為第一。

石上酒花，幾片濕雲凝夜色；松間人語，數聲宿鳥動朝喧。媚字極韻，出以清致，則窈窕但見風神，附以妖嬈，則做作畢露醜態。如芙蓉媚秋水，綠篠媚清漣，方不著跡。

武士無刀兵氣，書生無寒酸氣，女郎無脂粉氣，山人無煙霞氣，僧家無香火氣，換出一番世界，便為世上不可少之人。

情詞之嫺美，《西廂》以後，無如《玉合》、《紫釵》、《牡丹亭》三傳。置之案頭，可以挽文思之枯澀，收神情之懶散。

俊石貴有畫意，老樹貴有禪意，韻士貴有酒意，美人貴有詩意。

217

紅顏未老，早隨桃李嫁春風；黃卷將殘，莫向桑榆憐暮景。

銷魂之音，絲竹不如著肉。然而風月山水間，別有清魂銷於清響，即子晉之笙，湘靈之瑟，董雙成之雲璈，猶屬下乘。嬌歌艷曲，不盡混亂耳根。

風驚蟋蟀，聞織婦之鳴機，月滿蟾蜍，見天河之弄杼。

高僧筒裏送信，突地天花墜落；韻妓扇頭寄畫，隔江山雨飛來。

酒有難懸之色，花有獨蘊之香。以此想紅顏媚骨，便可得之格外。

客齋使令，翔七寶妝，理茶具，響松風於蟹眼，浮雪花於兔毫。

每到日中重掠鬢，衩衣騎馬繞宮廊。

絕世風流，當場豪舉。

世路既如此，但有肝膽向人；清議可奈何，曾無口舌造業。

花抽珠落，珠懸花更生。風來香轉散，風度焰還輕。

瑩以玉琇，飾以金英。綠芰懸插，紅藻倒生。

浮滄海兮氣渾，映青山兮色亂。

紛黃庭之霏霏，隱重廊之窈窕。青陸至而鶯啼，朱陽升而花笑。紫蒂

紅葳，玉蕊蒼枝。

視蓮潭之變彩，見松院之生涼；引驚蟬於寶瑟，宿蘭燕於瑤筐。

蒲團布衲，難於少時存老去之禪心；玉劍角弓，貴於老時任少年之俠氣。

卷十 豪

今世矩視尺步之輩，與夫守株待兔之流，是不束縛而阱者也。宇宙寥寥，求一豪者，安得哉？家徒四壁，一擲千金，豪之膽；與酣落筆，潑墨千言，豪之才；我才必用，黃金復來，豪之語。夫豪既不可得，而後世倡儻之士，或以一言一字寫其不平，又安與沉沉故紙同為銷沒乎！集豪第十。

桃花馬上，春衫少年俠氣；貝葉齋中，夜衲老去禪心。

嶽色江聲，富煞胸中邱壑；松陰花影，爭殘局上山河。

驥雖伏櫪，足能千里；鵰即垂翅，志在九霄。

個個題詩，寫不盡千秋花月；人人作畫，描不完大地江山。

慷慨之氣，龍泉知我；憂煎之思，毛穎解人。

不能用世而故為玩世，只恐遇著真英雄；不能經世而故為欺世，只好對著假豪傑。

綠酒但傾，何妨易醉；黃金既散，何論復來。

詩酒興將殘，剩卻樓頭幾明月；登臨情不已，平分江上半青山。

閒行消白日，懸李賀嘔字之囊；搔首問青天，攜謝朓驚人之句。

假英雄專昳不鳴之劍，若爾鋒鋩，遇真人而落膽；窮豪傑慣作無米之炊，此等作用，當大計而揚眉。

深居遠俗，尚愁移山有文；縱飲達旦，猶笑醉鄉無記。

風會口靡，試具宋廣平之石腸；世道莫容，請收姜伯約之大膽。

藜床半穿，管寧真吾師乎；軒冕必顧，華歆洵非友也。

車塵馬足之下，露出醜形，深山窮谷之中，剩此真影。

吐虹霓之氣者，貴挾風霜之色；依日月之光者，毋懷雨露之私。

清襟凝遠，捲秋江萬頃之波；妙筆縱橫，挽崑崙一峰之秀。

聞雞起舞，劉琨其壯士之雄心乎；聞箏起舞，迦葉其開士之素心乎？

友偏天下英傑人士，讀盡人間未見之書。

讀書倦時須看劍，英發之氣不磨；作文苦際可歌詩，鬱結之懷隨暢。

交友須帶三分俠氣，作人要存一點素心。

棲守道德者，寂寞一時；依阿權變者，淒涼萬古。

深山窮谷，能老經濟才猷；絕壑斷崖，難隱靈文奇字。

獻策金門苦未收，歸心日夜水東流。扁舟載得愁千斛，聞說君王不稅愁。

世事不堪評，掩卷神遊千古上；塵氛應可卻，閉門心在萬山中。

負心滿天地，辜他一片熱腸；變態自古今，懸此兩隻冷眼。

龍津一劍，尚作合於風雷。胸中數萬甲兵，寧終老於牖下。此中空洞原無物，何止容卿數百人。

英雄未轉之雄圖，假糟邱為霸業；風流不盡之餘韻，托花谷為深山。

225

紅潤口脂，花蕊乍過微雨；翠勻眉黛，柳條徐拂輕風。

滿腹有文難罵鬼，措身無地反憂天。

大丈夫居世，生當封侯，死當廟食。不然，閒居可以養志，詩書足以自娛。

不恨我不見古人，惟恨古人不見我。

榮枯得喪，天意安排，浮雲過太虛也；用舍行藏，吾心鎮定，砥柱在中流乎？

曹曾積石為倉，以藏書，名曹氏石倉。

鐵，不憂當道豺狼。

丈夫須有遠圖，眼孔如輪，可怪處堂燕雀；豪傑寧無壯志，風棱似可磨滅。

雲長香火，千載遍於華夷；坡老姓名，至今口於婦孺。意氣精神，不

據床嗒爾，聽豪士之談鋒；把盞惺然，看酒人之醉態。

登高遠眺，弔古尋幽，廣胸中之邱壑，遊物外之文章。

雪霽清境，發於夢想。此間但有荒山大江，修竹古木。

每飲村酒後，曳杖放腳，不知遠近，亦曠然天真。

鬚眉之士，在世寧使鄉裏小兒怒罵，不當使鄉裏小兒見憐。

227

卷十　豪

胡宗憲讀《漢書》，至終軍請纓事，乃起拍案曰：「男兒雙腳當從此處插入，其它皆狼藉耳！」

宋海翁才高嗜酒，睥睨當世。忽乘醉泛舟海上，仰天大笑，曰：「吾七尺之軀，豈世間凡士所能貯？合以大海葬之耳！」遂按波而入。

王仲祖有好形儀，每覽鏡自照，曰：「王文開那生寧馨兒？」

毛澄七歲善屬對，諸喜之者贈以金錢，歸擲之曰，「吾猶薄蘇秦斗大，安事此鄧通靡靡！」

梁公實薦一士於李於麟，士欲以謝梁，曰：「吾有長生術，不惜為公授。」梁曰：「吾名在天地間，只恐盛著不了，安用長生！」

吳正子窮居一室，門環流水，跨木而渡，渡畢即抽之。人問故，笑曰：「土舟淺小，恐不勝富貴人來踏耳！」

吾有目有足，山川風月，吾所能到，我便是山川風月主人。

大丈夫當雄飛，安能雌伏？

青蓮登華山落雁峰，曰：「呼吸之氣，想通帝座。恨不攜謝朓驚人之句來，搔首問青天耳！」

志欲梟逆虜，枕戈待旦，常恐祖生，先我著鞭。

旨言不顯，經濟多托之工瞽蒭蕘；高蹤不落，英雄常混之漁樵耕牧。

高言成嘯虎之風，豪舉破湧山之浪。

立言者，未必即成千古之業，吾取其有千古之心；好客者，未必即盡四海之交，吾取其有四海之願。

管城子無食肉相，世人皮相何為；孔方兄有絕交書，今日盟交安在。

襟懷貴疏朗，不宜太逞豪華；文字要雄奇，不宜故求寂寞。

懸榻待賢士，豈曰交情已乎；投轄留好賓，不過酒興而已。

才以氣雄，品由心定。

為文而欲一世之人好，吾悲其為文；為人而欲一世之人好，吾悲其為人。

濟筆海則為舟航，騁文囿則為羽翼。

胸中無三萬卷書，眼中無天下奇山川，未必能文。縱能，亦無豪傑語耳。

山廚失斧，斷之以劍。客至無枕，解琴自供。鹽盆潰散，磬為注洗。蓋不暖足，覆之以蓑。

孟宗少遊學，其母製十二幅被，以招賢士共臥，庶得聞君子之言

張煙霧於海際，耀光景於河渚；乘天梁而皓蕩，叩帝閽而延佇。

聲譽可盡，江天不可盡；丹青可窮，山色不可窮。

聞秋空鶴唳，令人逸骨仙仙；看海上龍騰，覺我壯心勃勃。

231

明月在天，秋聲在樹，珠箔捲嘯倚高樓；蒼苔在地，春酒在壺，玉山頹醉眠芳草。

胸中自是奇，乘風破浪，平吞萬頃蒼茫；腳底由來闊，歷險窮幽，飛度千尋杳靄。

松風澗雨，九霄外聲聞環佩，清我吟魂；海市蜃樓，萬水中一幅畫圖，供吾醉眼。

每從白門歸，見江山逶迤，草木蒼鬱。人常言佳，我覺是別離人腸中一段酸楚氣耳。

人每誚余腕中有鬼，余謂鬼自無端入吾腕中，吾腕中未嘗有鬼也。人每責余目中無人，余謂人自不屑入吾目中，吾目中未嘗無人也。

232

天下無不虛之山，惟虛故高而易峻；天下無不實之水，惟實故流而不竭。

放不出憎人面孔，落在酒杯：丟不下憐世心腸，寄之詩句。

春到十千美酒，為花洗妝；夜來一片名香，與月薰魄。

忍到熟處則憂患消，談到真時則天地贅。

醺醺熟讀《離騷》，孝伯外敢曰並皆名士；碌碌常承色笑，阿奴輩果然盡是佳兒。

劍雄萬敵，筆掃千軍。

飛禽鐵翮，猶愛惜乎羽毛；志士捐生，終不忘乎老驥。

敢於世上放開眼，不向人間浪皺眉。

縹緲孤鴻，影來窗際，開戶從之，明月入懷，花枝零亂，朗吟楓落，吳江之句，令人淒絕。

雲破月窺花好處，夜深花睡月明中。

三春花鳥猶堪賞，千古文章只自知。文章自是堪千古，花鳥三春只幾時。

士大夫胸中無三斗墨，何以運管城？然恐醞釀宿陳，出之無光澤耳。

攫金於市者，見金而不見人；剖身藏珠者，愛珠而忘自愛。與夫決性命以饕富貴，縱嗜欲以損生者何異？

說不盡山水好景，但付沈吟；當不起世態炎涼，惟有閉戶。

殺得人者，方能生人。有恩者，必然有怨。若使不陰不陽，隨世披靡，肉菩薩出世，於世何補？此生何用！

李太白云：「天生我才必有用，黃金散盡還復來。」杜少陵云：「一生性僻耽佳句，語不驚人死不休。」豪傑不可不解此語。

天下固有父兄不能圉之豪傑，必無師友不可化之愚蒙。諸友於天倫之外，元章呼石為兄；奔走於世途之中，莊生喻塵以馬。

詞人半肩行李，收拾秋水春雲；深宮一世梳妝，惱亂晚花新柳。

得意不必人知，興來書自聖；縱口何關世議，醉後語猶顚。

英雄尚不肯以一身受天公之顚倒，吾輩奈何以一身受世人之提掇？是堪指髮，未可低眉。

能為世必不可少之人，能為人必不可及之事，則庶幾此生不虛。

兒女情，英雄氣，並行不悖；或柔腸，或俠骨，總是吾徒。

上馬橫槊，下馬作賦，自是英雄本色；熟讀《離騷》，痛飲濁酒，果然名士風流。

詩狂空古今，酒狂空天地。

236

處世當於熱地思冷，出世當於冷地求熱。

我輩腹中之氣，亦不可少，要不必用耳。若蜜口，真婦人事哉。

辦大事者，匪獨以意氣勝，蓋亦其智略絕也，故負氣雄行，力足以折公侯，出奇制算，事足以駭耳目。如此人者，俱千古矣。嗟嗟！今世徒虛語耳。

說劍談兵，今生恨少封侯骨；登高對酒，此日休吟烈士歌。

身許為知己死一劍，夷門到今俠骨香仍古；腰不為督郵折五斗，彭澤從古高風清至今。

劍擊秋風，四壁如聞鬼嘯；琴彈夜月，空山引動猿號。

壯志憤懑難消，高人情深一往。

先達笑彈冠，休向侯門輕曳裾；相知猶按劍，莫從世路暗投珠。

卷十一　法

自方袍幅巾之態，遍滿天下，而超脫穎絕之士，遂以同污合流矯之，而世道不古矣。夫迂腐者，既泥於法，而超脫者，又越於法，然則士君子亦不偏不倚，期無所泥越則已矣，何必方袍幅巾，作此迂態耶！集法第十一。

一心可以交萬友，二心不可以交一友。

凡事留不盡之意則機圓，凡物留不盡之意則用裕，凡情留不盡之意則味深，凡言留不盡之意則致遠，凡興留不盡之意則趣多，凡才留不盡之意則神滿。

有世法，有世緣，有世情。緣非情，則易斷；情非法，則易流。

世多理所難必之事，莫執宋人道學；世多情所難通之事，莫說晉人風流。

與其以衣冠誤國，不若以布衣閱世；與其以林下而矜冠裳，不若以廊廟而標泉石。

眼界愈大，心腸愈小；地位愈高，舉止愈卑。

240

少年人要心忙，忙則攝浮氣；老年人要心閒，閒則樂餘年。

晉人清談，宋人理學，以晉人遺俗，以宋人禔躬，合之雙美，分之兩傷也。

莫行心上過不去事，莫存事上行不去心。

忙處事為，常向閒中先檢點；動時念想，預從靜裏密操持。青天白日處節義，自暗室屋漏處培來；旋轉乾坤的經綸，自臨深履薄處操出。

以積貨財之心積學問，以求功名之念求道德，以愛子女之心愛父母，以保爵位之策保國家。

才智英敏者，宜以學問攝其躁；氣節激昂者，當以德性融其偏。

何以下達，惟有飾非；何以上達，無如改過。

一點不忍的念頭，是生民生物之根芽；一段不為的氣象，是撐天撐地之柱石。

君子對青天而懼，聞雷霆而不驚；履平地而恐，涉風波而不疑。

不可乘喜而輕諾，不可因醉而生嗔；不可乘快而多事，不可因倦而鮮終。

意防慮如撥，口防言如遏，身防染如奪，行防過如割。

白沙在泥，與之俱黑，漸染之習久矣；他山之石，可以攻玉，切磋之力大焉。

後生輩胸中，落意氣兩字，有以趣勝者，有以味勝者。然寧饒於味，而無饒於趣。

芳樹不用買，韶光貧可支。

寡思慮以養神，剪欲色以養精，靖言語以養氣。

立身高一步方超達，處世退一步方安樂。

士君子貧不能濟物者，遇人癡迷處，出一言提醒之，遇人急難處，出一言解救之，亦是無量功德。

救既敗之事者，如馭臨崖之馬，休輕策一鞭；圖垂成之功者，如挽上灘之舟，莫少停一棹。

是非邪正之交，少遷就則失從違之正；利害得失之會，太分明則起趨避之嫌。

禮他，著不得一毫傲睨的氣象。

事係幽隱，要思迴護他，著不得一點攻訐的念頭；人屬寒微，要思矜

毋似小嫌而疏至戚，勿以新怨而忘舊恩。

禮義廉恥，可以律己，不可以繩人。律己則寡過，繩人則寡合。

凡事韜晦，不獨益己，抑且益人；凡事表暴，不獨損人，抑且損己。

覺人之詐，不形於言；受人之侮，不動於色。此中有無窮意味，亦有無窮受用。

244

爵位不宜太盛，太盛則危；能事不宜盡畢，盡畢則衰。

恩禮要愈隆。

遇故舊之交，意氣要愈新；處隱微之事，心跡宜愈顯；待衰朽之人，

利物。

用人不宜刻，刻則思效者去；交友不宜濫，濫則貢諛者來。

憂勤是美德，太苦則無以適性怡情；淡泊是高風，太枯則無以濟人

作人要脫俗，不可存一矯俗之心；應世要隨時，不可起一趨時之念。

富貴之家，常有窮親戚往來，便是忠厚。

從師延名士，鮮垂教之實益；為徒攀高第，少受誨之真心。男子有德便是才，女子無才便是德。

病中之趣味，不可不嘗；窮途之景界，不可不歷。

才人國士，既負不群之才，定負不羈之行，是以才稍壓眾則忌心生，行稍違時則側目至。死後聲名，空譽墓中之骸骨；窮途潦倒，誰憐宮外之蛾眉。

貴人之交貧士也，驕色易露；貧士之交貴人也，傲骨當存。

君子處身，寧人負己，己無負人；小人處事，寧己負人，無人負己。

硯神曰淬妃，墨神曰回氏，紙神曰尚卿，筆神曰昌化，又曰佩阿。

246

要治世，半部《論語》；要出世，一卷《南華》。

禍莫大於縱己之欲，惡莫大於言人之非。

求見知於人世易，求真知於自己難；求粉飾於耳目易，求無愧於隱微難。

聖人之言，須常將來眼頭過，口頭轉，心頭運。

與其巧持於末，不若拙戒於初。

君子有三惜：此生不學，一可惜；此日閒過，二可惜；此身一敗，三可惜。

晝觀諸妻子，夜卜諸夢寐。兩者無愧，始可言學。

士大夫三日不讀書，則禮義不交，便覺面目可憎，語言無味。

與其蜜面交，不若親諒友；與其施新恩，不若還舊債。

士人當使王公聞名多而識面少，寧使王公訝其不來，毋使王公厭其不去。

見人有得意事，便當生忻喜心；見人有失意事，便當生憐憫心；皆自己真實受用處。忌成樂敗，徒自壞心術耳。

恩重難酬，名高難稱。

待客之禮，當存古意，止一雞一黍，酒數行，食飯而罷。以此為法。

處心不可著，著則偏；作事不可盡，盡則窮。

士人所貴，節行為大。軒冕失之，有時而復來；節行失之，終身不可得矣。

勢不可倚盡，言不可道盡，福不可享盡，事不可處盡，意味偏長。

靜坐然後知平日之氣浮，守默然後知平日之言躁，省事然後知平日之貴閒，閉戶然後知平日之交濫，寡慾然後知平日之病多，近情然後知平日之念刻。

喜時之言多失信，怒時之言多失體。

泛交則多費，多費則多營，多營則多求，多求則多辱。

249

卷十一　法

一字不可輕與人，一言不可輕語人，一笑不可輕假人。

正以處心，廉以律己，忠以事君，恭以事長，信以接物，寬以待下，敬以洽事，此居官之七要也。

聖人成大事業者，從戰戰兢兢之小心來。

酒入舌出，舌出言失，言失身棄。余以為棄身，不如棄酒。

青天白日，和風慶雲，不特人多喜色，即鳥鵲且有好音。若暴風怒雨，疾雷幽電，鳥亦投林，人皆閉戶。故君子以太和元氣為主。

胸中落意氣兩字，則交遊定不得力；落騷雅二字，則讀書定不得深心。

交友之先宜察，交友之後宜信。

惟儉可以助廉，惟恕可以成德。

惟書不問貴賤貧富老少，觀書一卷，則增一卷之益；觀書一日，則有一日之益。

坦易其心胸，率真其笑語，疏野其禮數，簡少其交遊。

好醜不可太明，議論不可務盡，情勢不可殫竭，好惡不可驟施。

不風之波，開眼之夢，皆能增進道心。

開口譏誚人，是輕薄第一件，不惟喪德，亦足喪身。

人之恩可念不可忘，人之仇可忘不可念。

不能受言者，不可輕與一言，此是善交法。

君子於人，當於有過中求無過，不當於無過中求有過。

我能容人，人在我範圍，報之在我，不報在我；人若容我，我在人範圍，不報不知，報之不知。自重者然後人重，人輕者由我自輕。

高明性多疏脫，須學精嚴；狷介常苦迂拘，當思圓轉。

欲做精金美玉的人品，定從烈火鍛來；思立揭地掀天的事功，須向薄冰履過。

性不可縱，怒不可留，語不可激，飲不可過。

能輕富貴，不能輕一輕富貴之心，能重名義，又復重一重名義之念，是事境之塵氛未掃，而心境之芥蒂未忘。此處拔除不淨，恐石去而草復生矣。

體；亦當適志恬愉，以養吾圓機。

紛擾固溺志之場，而枯寂亦槁心之地。故學者當棲心玄默，以寧吾真

昨日之非不可留，留之則根蘗復萌，而塵情終累乎理趣；今日之是不可執，執之則渣滓未化，而理趣反轉為欲根。

待小人不難於嚴，而難於不惡；待君子不難於恭，而難於有禮。

市私恩，不如扶公議；結新知，不如敦舊好；立榮名，不如種隱德；

尚奇節，不如謹庸行。

有一念而犯鬼神之忌，一言而傷天地之和，一事而釀子孫之禍者，最宜切戒。

不實心，不成事；不虛心，不知事。

老成人受病，在作意步趨；少年人受病，在假意超脫。

為善有表裏始終之異，不過假好人；為惡無表裏始終之異，倒是硬漢子。

入心處咫尺玄門，得意時千古快事。

254

《水滸傳》無所不有，卻無破老一事，非關缺陷，恰是酒肉漢本色。

如此益知作者之妙。

世間會討便宜人，必是吃過虧者。

書是同人，每讀一篇，自覺寢食有味；佛為老友，但窺半偈，轉思前境真空。

無愧心！

衣垢不澣，器缺不補，對人猶有慚色；行垢不澣，德缺不補，對天豈無愧心！

天地俱不醒，落得昏沈醉夢；洪蒙率是客，枉尋寥廓主人。

老成人必典必則，半步可規；氣悶人不吐不茹，一時難對。

255

重友者，交時極難，看得難，以故轉重；輕友者，交時極易，看得易，以故轉輕。

近以靜事而約己，遠以惜福而延生。

掩戶焚香，清福已具。如無福者，定生他想。更有福者，輔以讀書。

國家用人，猶農家積粟。粟積於豐年，乃可濟饑；才儲於平時，乃可濟用。

考人品，要在五倫上見。此處得，則小過不足疵；此處失，則眾長不足錄。

國家尊名節，獎恬退，雖一時未見其效，然當患難倉卒之際，終賴其用。如祿山之亂，河北二十四郡皆望風奔潰，而抗節不撓者，止一顏真卿，明皇初不識其人，則所謂名節者，亦未嘗不自恬退中得來也。故獎恬

退者，乃所以勵名節。

志不可一日墜，心不可一日放。

辯不如訥，語不如默，動不如靜，忙不如閒。

以無累之神，合有道之器，宮商暫離，不可得已。

精神清旺，境境都有會心；志氣昏愚，處處俱成夢幻。

酒能亂性，佛家戒之；酒能養氣，仙家飲之。余於無酒時學佛，有酒時學仙。

烈士不餒，正氣以飽其腹；清士不寒，青史以暖其躬；義士不死，天君以生其骸。總之心懸胸中之日月，以任世上之風波。

孟郊有句云：「青山碾為塵，白日無閒人。」于鄴云：「白日若不落，紅塵應更深。」又云：「如逢幽隱處，似遇獨醒人。」王維云：「行到水窮處，坐看雲起時。」又云：「明月松間照，清泉石上流。」皎然云：「少時不見山，便覺無奇趣。」每一吟諷，逸思翩翩。

卷十二　倩

倩不可多得，美人有其韻，名花有其致，青山綠水有其丰標。外則山矑韻士，當情景相會之時，偶出一語，亦莫不盡其韻，極其致，領略其丰標。可以啟名花之笑，可以佐美人之歌，可以發山水之清音，而又何可多得！集情第十二。

會心處，自有濠濮間想，然可親人魚鳥；偃臥時，便是羲皇上人，何必秋月涼風。

一軒明月，花影參差，席地便宜小酌；十里青山，鳥聲斷續，尋春幾度長吟。

入山採藥，臨水捕魚，綠樹陰中鳥道；掃石彈琴，捲簾看鶴，白雲深處人家。

沙村竹色，明月如霜，攜幽人杖藜散步；石屋松陰，白雲似雪，對孤鶴掃榻高眠。

焚香看樹，人事都盡，隔簾花落，松梢月上，鐘聲忽度；推窗仰視，河漢流雲，大勝晝時，非有洗心滌慮得意爻象之表者，不可獨契此語。

紙窗竹屋，夏葛冬裘，飯後黑甜，日中白醉，足矣！

收碣石之宿霧，斂蒼梧之夕雲。

八月靈槎，泛寒光而靜去；三山神闕，湛清影以遙連。

空三楚之暮天，樓中歷歷；滿六朝之故地，草際悠悠。

秋水岸移新釣舫，藕花洲拂舊荷裳。心深不滅三年字，病淺難銷寸步香。

趙飛燕歌舞自賞，仙風留於縐裙；韓昭侯矍笑不輕，儉德昭於敝袴。

皆以一物著名，局面相去甚遠。

翠微僧至，衲衣皆染松雲；斗室殘經，石磬半沈蕉雨。

黃鳥情多，常向夢中呼醉客；白雲意懶，偏來僻處媚幽人。

樂意相關禽對語，生香不斷樹交花，是無彼無此真機；野色更無山隔斷，天光常與水相連，此徹上徹下真境。

美女不尚鉛華，似疏雲之映淡月；禪師不落空寂，若碧沼之吐青蓮。

書者喜談畫，定能以畫法作書；酒人好論茶，定能以茶法飲酒。

詩用方言，豈是采風之子；談鄰徘語，恐貽拂塵之羞。

肥壤植梅花，茂而其韻不古；沃土種竹枝，盛而其質不堅。竹徑松籬，盡堪娛目，何非一段清閒；園亭池榭，僅可容身，便是半生受用。

南澗科頭，可任半簾明月；北窗坦腹，還須一榻清風。

披帙橫風榻，邀棋坐雨窗。

洛陽每遇梨花時，人多攜酒樹下，曰：「為梨花洗妝。」

綠染林皋，紅銷溪水。

幾聲好鳥斜陽外，一簇春風小院中。

有客到柴門，清尊開江上之月；無人剪蒿徑，孤榻對雨中之山。

恨留山鳥，啼百卉之春紅；愁寄隴雲，鎖四天之暮碧。

澗口有泉常飲鶴，山頭無地不栽花。

雙杵茶煙，具載陸君之竈；半床松月，且窺楊子之書。

尋雪後之梅，幾忙騷客；訪霜前之菊，頗愜幽人。

帳中蘇合，全消雀尾之爐；檻外遊絲，半織龍鬚之席。

瘦竹如幽人，幽花如處女。

晨起推窗，紅雨亂飛，閒花笑也；綠樹有聲，閒鳥啼也；煙嵐滅沒，閒雲度也；藻荇可數，閒池靜也；風細簾青，林空月印，閒庭峭也。山扉晝局，而剝啄每多閒侶；帖括因人，而几案每多閒編。繡佛長齋，禪心釋諦，而念多閒想，語多閒詞。閒中滋味，洵足樂也。

264

鄙吝一消，白雲亦可贈客；渣滓盡化，明月亦來照人。

水流雲在，想子美千載高標；月到風來，憶堯夫一時雅緻。何以消天下之清風朗月，酒盞詩筒；何以謝人間之覆雨翻雲，閉門高臥。

高客留連，花木添清疏之致；幽人剝啄，莓苔生淡冶之容。

雨中連榻，花下飛觴。進艇長波，散髮弄月。紫簫玉笛，颯起中流。

白露可餐，天河在袖。

午夜箕踞松下，依依皎月，時來親人，亦復快然自適。

香宜遠焚，茶宜旋煮，山宜秋登。

中郎賞花云：「茗賞上也，談賞次也，酒賞下也。茶越而酒祟，及一切庸穢凡俗之語，此花神之深惡痛斥者。寧閉口枯坐，勿遭花惱可也。」

賞花有地有時，不得其時而漫然命客，皆為唐突。寒花宜初雪，宜雨霽，宜新月，宜暖房；溫花宜晴日，宜輕寒，宜華堂；暑花宜雨後，宜快風，宜佳木濃陰，宜竹下，宜水閣；涼花宜爽月，宜夕陽，宜空階，宜苔徑，宜古藤巉石邊。若不論風日，不擇佳地，神氣散緩，了不相屬，比於妓舍酒館中花，何異哉！

雲霞爭變，風雨橫天，終日靜坐，清風灑然。

妙笛至山水佳處，馬上臨風，快作數弄。

心中事，眼中景，意中人。

園花按時開放，因即其佳稱待之以客。梅花索笑客，桃花銷恨客，杏花倚雲客，水仙凌波客，牡丹酣酒客，芍藥占春客，萱草忘憂客，蓮花禪社客，葵花丹心客，海棠昌州客，桂花青雲客，菊花招隱客，蘭花幽谷客，酴醾清敘客，臘梅遠寄客。須是身閒，方可稱為主人。

馬蹄入樹鳥夢墜，月色滿橋人影來。

無事當看韻書，有酒當邀韻友。

儼然在米芾《寒江獨釣圖》中。

紅寥灘頭，青林古岸，西風撲面，風雪打頭，披蓑頂笠，執竿煙水，

馮惟一以杯酒自娛，酒酣即彈琵琶，彈罷賦詩，詩成起舞。時人愛其俊逸。

風下松而合曲，泉縈石而生文。

秋風解纜，極目蘆葦，白露橫江，情景淒絕。孤雁驚飛，秋色遠近，泊舟臥聽，沽酒呼盧，一切塵事，都付秋水蘆花。

設禪榻二，一自適，一待朋。朋若未至，則懸之。敢曰：「陳蕃之榻，懸待孺子，長史之榻，專設休源。」亦惟禪榻之側，不容著俗人膝耳。詩魔酒顛，賴此榻祛醒。

留連野水之煙，淡蕩寒山之月。

春夏之交，散行麥野；秋冬之際，微醉稻場。欣看麥浪之翻銀，稱翠直侵衣帶；快睹稻香之覆地，新醅欲溢尊罍。每來得趣於莊村，寧去置身於草野。

羈客在雲村，蕉雨點點，如奏笙竽，聲極可愛。山人讀《易》、《禮》，斗後騎鶴以至，不減聞韶也。

陰茂樹，濯寒泉，溯冷風，寧不爽然灑然！

韻言一展卷間，恍坐冰壺而觀龍藏。

春來新筍，細可供茶；雨後奇花，肥堪待客。

賞花須結豪友，觀妓須結淡友，登山須結逸友，泛舟須結曠友，對月須結冷友，待雪須結艷友，捉酒須結韻友。

問客寫藥方，非關多病；閉門聽野史，只為偷閒。

歲行盡矣，風雨淒然，紙窗竹屋，燈火青熒，時於此間得小趣。

山鳥每夜五更喧起五次，謂之報更，蓋山間率真漏聲也。

分韻題詩，花前酒後；閉門放鶴，主去客來。

插花著瓶中，令俯仰高下，斜正疏密，皆存意態，得畫家寫生之趣，方佳。

法飲宜舒，放飲宜雅，病飲宜小，愁飲宜醉，春飲宜庭，夏飲宜郊，秋飲宜舟，冬飲宜室，夜飲宜月。

甘酒以待病客，辣酒以待飲客，苦酒以待豪客，淡酒以待清客，濁酒以待俗客。

仙人好樓居，須岧嶤軒敞，八面玲瓏，舒目披襟，有物外之觀，霞

表之勝。宜對山，宜臨水；宜待月，宜觀霞，宜夕陽，宜雪月。宜岸幘觀書，宜倚欄吹笛；宜焚香靜坐；宜揮塵清談。江干宜帆影，山巒宜煙嵐；院落宜楊柳，寺觀宜松篁；溪邊宜漁樵、宜鷺鷥，花前宜娉婷、宜鸚鵡；宜翠霧霏微，宜銀河清淺；宜萬里無雲，長空如洗；宜千林雨過，疊嶂如新；；宜高插江天，宜斜連城郭；宜開窗眺海日，宜露頂臥天風；宜嘯，宜詠，宜終日敲棋；宜酒，宜詩，宜清宵對榻。

良夜風清，石床獨坐，花香暗度，松影參差。黃鶴樓可以不登，張懷民可以不訪，〈滿庭芳〉可以不歌。

茅屋竹窗，一榻清風邀客；茶爐藥竈，半簾明月窺人。

娟娟花露，曉濕芒鞋；瑟瑟松風，涼生枕簟。

綠葉斜披，桃葉渡頭，一片弄殘秋月；青簾高掛，杏花村裏，幾回典卻春衣。

楊花飛入珠簾，脫巾洗硯；詩草吟成錦字，燒竹煎茶。良友相聚，或解衣盤礴，或分韻角險，頃之貌出青山，吟成麗句，從旁品題之，大是開心事。

木枕傲，石枕冷，瓦枕粗，竹枕鳴。以藤為骨，以漆為膚，其背圓而滑，其額方而通。此蒙莊之蝶庵，華陽之睡几。

小橋月上，仰盼星光，浮雲往來，掩映於牛渚之間，別是一種晚眺。

醫俗病莫如書，贈酒狂莫如月。

明窗淨几，好香苦茗，有時與高衲談禪；豆棚菜圃，暖日和風，無事聽友人說鬼。

272

花事乍開乍落，月色乍陰乍晴，興未闌，躊躇搔首；詩篇半拙半工，酒態半醒半醉，身方健，潦倒放懷。

佛經云：「細燒沉水，毋令見火。」此燒香三昧語。

灣月宜寒潭，宜絕壁，宜高閣，宜平臺，宜窗紗，宜簾鈎；宜苔階，宜花砌，宜小酌，宜清談，宜長嘯，宜獨往，宜搔首，宜促膝。春月宜尊罍，夏月宜枕簟，秋月宜砧杵，冬月宜圖書。樓月宜簫，江月宜笛，寺院月宜笙，書齋月宜琴。花月宜佳人，松月宜道者，蘿月宜隱逸，桂月宜俊英；山月場月宜刁斗。閨閫月宜紗櫥，勾欄月宜弦索；關山月宜帆檣，沙宜老衲，湖月宜良朋，風月宜楊柳，雪月宜梅花。片月宜花梢，宜樓頭，宜淺水，宜杖藜，宜幽人，宜孤鴻。滿月宜江邊，宜苑內，宜綺筵，宜華燈，宜醉客、宜妙妓。

石上藤蘿，墻頭薜荔，小窗幽致，絕勝深山，加以明月清風，物外之情，盡堪閒適。

273

卷十二　倩

出世之法，無如閉關。計一園手掌大，草木蒙茸，禽魚往來，矮屋臨水，展書匡坐，幾於避秦，與人世隔。

山上須泉，徑中須竹。讀史不可無酒，談禪不可無美人。花為婢僕，鳥為笑談；溪漱澗流代酒肴烹煉，書史作師保，竹石質友朋；雨聲雲影，松風蘿月，為一時豪興之歌舞。情景固濃，然亦清趣。

幽居雖非絕世，而一切使令供具交遊晤對之事，似出世外。

蓬窗夜啟，月白於霜，漁火沙汀，寒星如聚。忘卻客子作楚，但欣煙水留人。

無欲者其言清，無累者其言達。口耳巽入，靈竅忽啟，故曰不為俗情所染，方能說法度人。

臨流曉坐，欸乃忽聞，山川之情，勃然不禁。

舞罷纏頭何所贈，折得松釵；飲餘酒債莫能償，拾來榆莢。

午夜無人知處，明月催詩；三春有客來時，香風散酒。

如何清色界，一泓碧水含空；那可斷遊蹤，半砌青苔滯雨。

村花路柳，遊子衣上之塵；山霧江雲，行李擔頭之色。

何處得真情，買笑不如買愁；誰人效死力，使功不如使過。

芒鞋甫掛，忽想翠微之色，兩足復繞山雲；蘭棹方停，忽聞新漲之

波，一葉仍飄煙水。

旨愈濃而情愈淡者，霜林之紅樹；臭愈近而神愈遠者，秋水之白蘋。

龍女濯冰綃，一帶水痕寒不耐；姮娥攜寶藥，半囊月魄影猶香。

山館秋深，野鶴唳殘清夜月；江園春暮，杜鵑啼斷落花風。

石洞尋真，綠玉嵌烏藤之仗；苔磯垂釣，紅翎間白鷺之蓑。

晚村人語，遠歸白社之煙；曉市花聲，驚破紅樓之夢。

案頭峰石，四壁冷浸煙雲，何與胸中丘壑；枕邊溪聲，半榻寒生瀑布，爭如舌底鳴泉。

扁舟空載，贏卻關津不稅愁；孤杖深穿，攬得煙雲閒入夢。

幽堂晝密，清風忽來好伴；虛窗夜朗，明月不減故人。

曉入梁王之苑，雪滿群山；夜登庚亮之樓，月明千里。

名妓翻經，老僧釀酒，書生借箸，談兵介冑，登高作賦，羨他雅緻偏增；屠門食素，狙儈論文，廝養盛服，領緣方外，束修懷刺，令我風流頓減。

高臥酒樓，紅日不催詩夢醒；漫書花榭，白雲恆帶墨痕香。

相美人如相花，貴清艷而有若遠若近之思；看高人如看竹，貴瀟灑而有不密不疏之致。

梅稱清絕，多卻羅浮一段妖魂；竹本蕭疏，不耐湘妃數點愁淚。

窮秀才生活，整日荒年；老山人出遊，一派熟路。

眉端揚未得，庶幾在山月吐時；眼界放開來，只好向水雲深處。

劉伯倫攜壺荷鍤，死便埋我，真酒人哉；王武仲閉關護花，不許踏破，直花奴耳。

一聲秋雨，一行秋雁，消不得一室清燈；一月春花，一池春草，繞亂卻一生春夢。

夭桃紅杏，一時分付東風；翠竹黃花，從此永為閒伴。

花影零亂，香魂夜發，飄然而喜。燭既盡，不能寐也。

花陰流影，散為半院舞衣；水響飛音，聽來一溪歌板。

一片秋色，能療客病；半聲春鳥，偏喚愁人。

會心之語，當以不解解之；無稽之言，是在不聽聽耳。

雲落寒潭，滌塵容於水鏡；月流深谷，拭淡黛於山妝。

尋芳者追深徑之蘭，識韻者窮深山之竹。

花間雨過，蜂黏幾片薔薇；柳下童歸，香散數莖簹蔔。

279

幽人到處煙霞冷，仙子來時雲雨香。

落紅點苔，可當錦褥；草香花媚，可當嬌姬。莫逆則山鹿溪鷗，鼓吹則水聲鳥囀。毛褐為紈綺，山雲作主賓，不釀侯鯖；帶葉柴門，奚輸甲第。

野築郊居，綽有規制；茅亭草舍，棘垣竹籬，構列無方，淡宕如畫，花間紅白，樹無行款。倘徉灑落，何異仙居？

墨池寒欲結，冰分筆上之花；爐篆氣初浮，不散簾前之霧。

青山在門，白雲當戶，明月到窗，涼風拂座。勝地皆仙，五城十二樓，轉覺多設。

何為聲色俱清？曰：松風水月，未足比其清華。何為神情俱徹？曰：

仙露明珠，詎能方其朗潤。

逸字是山林關目，用於情趣，則清遠多致；用於事務，則散漫無功。

宇宙雖寬，世途眇於鳥道；徵逐日甚，人得浮比魚蠻。

柳下艤舟，花間走馬，觀者之趣，倍過箇中。

問人情何似？曰：野水多於地，春山半是雲。問世事何似？曰：馬上懸壺漿，刀頭分頓肉。

塵情一破，便同雞犬為仙，世法相拘，何異鶴鵝作陣。

清恐人知，奇足自賞。

與客到，金鐏醉來一榻，豈獨客去為佳；有人知，玉律迴車三調，何必相識乃再。笑元亮之逐客何迂，羨子猷之高情可賞。

高士豈盡無染，蓮為君子，亦自出於污泥；丈夫但論操持，竹作正人，何妨犯以霜雪。

東郭先生之履，一貧從萬古之清；山陰道士之經，片字收千金之重。

管輅請飲後言，名為酒膽；休文以吟致瘦，要是詩魔。

因花索句，勝他牘奏三千；為鶴謀糧，贏我田耕二頃。

至奇無驚，至美無艷。

瓶中插花，盆中養石，雖是尋常供具，實關幽人性情。若非得趣，箇中布置，何能生致！

舌頭無骨，得言語之總持；眼裏有筋，具遊戲之三昧。

湖海上浮家泛宅，煙霞五色足資糧；乾坤內狂客逸人，花鳥四時供嘯詠。

養花，瓶亦須精良，譬如玉環、飛燕不可置之茅茨，嵇阮賀李不可請之店中。

才有力以勝蝶，本無心而引鶯；半葉舒而巖暗，一花散而峰明。

玉檻連彩，粉壁迷明。動鮑昭之詩興，銷王粲之憂情。

急不急之辨，不如養默；處不切之事，不如養靜；助不直之舉，不如養正；恣不禁之費，不如養福；好不情之察，不如養度；走不實之名，不如養晦；近不祥之人，不如養愚。

誠實以啟人之信我，樂易以使人之親我，虛己以聽人之教我，恭己以取人之敬我，奮發以破人之量我，洞徹以備人之疑我，盡心以報人之託我，堅持以杜人之鄙我。

Do思潮06　PE0090

生活智慧語錄
——醉古堂劍掃

編　　著／陸紹珩
點　　校／蔡登山
責任編輯／李書豪
圖文排版／楊家齊
封面設計／楊廣榕

出版策劃／獨立作家
發 行 人／宋政坤
法律顧問／毛國樑　律師
製作發行／秀威資訊科技股份有限公司
　　　　　地址：114 台北市內湖區瑞光路76巷65號1樓
　　　　　電話：+886-2-2796-3638　傳真：+886-2-2796-1377
　　　　　服務信箱：service@showwe.com.tw
展售門市／國家書店【松江門市】
　　　　　地址：104 台北市中山區松江路209號1樓
　　　　　電話：+886-2-2518-0207　傳真：+886-2-2518-0778
網路訂購／秀威網路書店：https://store.showwe.tw
　　　　　國家網路書店：https://www.govbooks.com.tw

出版日期／2015年9月　BOD一版　定價／340元

|獨立|作家|
Independent Author

寫自己的故事，唱自己的歌

國家圖書館出版品預行編目

生活智慧語錄：醉古堂劍掃 / 陸紹珩編著 ; 蔡登山點校.
-- 一版. -- 臺北市 : 獨立作家, 2015. 09
　　面 ； 公分.
BOD版
ISBN 978-986-92064-3-3(平裝)

1. 格言

192.8　　　　　　　　　　　　　　104013504

讀者回函卡

感謝您購買本書，為提升服務品質，請填妥以下資料，將讀者回函卡直接寄回或傳真本公司，收到您的寶貴意見後，我們會收藏記錄及檢討，謝謝！如您需要了解本公司最新出版書目、購書優惠或企劃活動，歡迎您上網查詢或下載相關資料：http:// www.showwe.com.tw

您購買的書名：_____

出生日期：_____年_____月_____日

學歷：□高中 (含) 以下　　□大專　　□研究所 (含) 以上

職業：□製造業　□金融業　□資訊業　□軍警　□傳播業　□自由業
　　　□服務業　□公務員　□教職　　□學生　□家管　　□其它_____

購書地點：□網路書店　□實體書店　□書展　□郵購　□贈閱　□其他

您從何得知本書的消息？

　　□網路書店　□實體書店　□網路搜尋　□電子報　□書訊　□雜誌

　　□傳播媒體　□親友推薦　□網站推薦　□部落格　□其他_____

您對本書的評價：(請填代號　1.非常滿意　2.滿意　3.尚可　4.再改進)

　　封面設計____　版面編排____　內容____　文／譯筆____　價格____

讀完書後您覺得：

　　□很有收穫　□有收穫　□收穫不多　□沒收穫

對我們的建議：_____

_____

_____

_____

11466
台北市內湖區瑞光路 76 巷 65 號 1 樓
獨立作家讀者服務部 收

....

（請沿線對折寄回，謝謝！）

姓　　名：＿＿＿＿＿＿＿＿＿　年齡：＿＿＿＿＿　性別：□女　□男

郵遞區號：□□□□□

地　　址：＿＿＿＿＿＿＿＿＿＿＿＿＿＿＿＿＿＿＿＿＿＿＿

聯絡電話：(日)＿＿＿＿＿＿＿＿＿＿　(夜)＿＿＿＿＿＿＿＿＿＿

E-mail：＿＿＿＿＿＿＿＿＿＿＿＿＿＿＿＿＿＿＿＿＿＿